스탠퍼드
새벽 5시 반

스탠퍼드 새벽 5시 반

초판 1쇄 인쇄 2019년 8월 26일
2쇄 발행 2020년 8월 1일

지은이 **이나흔**
펴낸이 **우세웅**
기획총괄 **우 민**
기획편집 **김은지 장보연**
마케팅 **박서영**
북디자인 **이선영**

펴낸곳 **슬로디미디어그룹**
신고번호 **제25100-2017-000035호**
신고년월일 **2017년 6월 13일**
주소 **서울특별시 마포구 월드컵북로 400, 서울산업진흥원(문화콘텐츠센터) 5층 20호**
전화 **02)493-7780**
팩스 **0303)3442-7780**
전자우편 **wsw2525@gmail.com(원고투고·사업제휴)**
홈페이지 **slodymedia.modoo.at**
블로그 **slodymedia.xyz**
페이스북,인스타그램 **slodymedia**

ISBN 979-11-88977-34-5 (13190)
이 도서의 국립중앙도서관 출판예정도서목록(CIP)은 서지정보유통지원시스템 홈페이지(http://seoji.nl.go.kr)와 국가자료공동목록시스템(http://www.nl.go.kr/kolisnet)에서 이용하실 수 있습니다. (CIP제어번호 : CIP2019032639)

평범한 스무 살, 스탠퍼드대 합격생이 되기까지

스탠퍼드 새벽 5시 반

STANFORD 5:30 A.M.

– 이나흔 지음 –

슬로디미디어

PROLOGUE

어떻게 하면 의미 있고, 행복한 학창시절을 보낼 수 있을까?

낯선 미국에 와서 적응과 학업이라는 숙제를 풀어야 하는 제게 가장 많이 던진 질문입니다. 익숙한 곳이 아니라고 해서 제 한 번뿐인 학창시절을 힘들게 보내고 싶지는 않았거든요. 공부한 만큼 성적이 나오지 않을 때, 시험을 앞두고 초조해질 때, 결과에 대한 압박감이 밀려올 때마다 저는 그 답을 찾기 위해 내면을 들여다보았습니다. 제가 원하는 것은 무엇인지, 왜 좋은 성적을 받고 싶은지, 무엇을 할 때 행복한지 말이지요.

저는 우리나라에서 중학교를 마치고 미국으로 건너왔습니다. 외국에서 공부를 시작하는 학생의 입장이라면 모호한 시기일지 모르겠습니다. 예민한 시기에 언어뿐 아니라 학업, 친구 관계 모두 새로 개척해야 한다는 건 부담스러운 일이니까요. 실제로 순탄치도 않았고, 걱정과 고민이 가득한 날을 보냈습니다. 저에게는 저를 잡아줄 무언가가 필요했습니다.

그래서 매일 일기를 쓰며 저에게 집중했습니다.

일기를 쓰고, 저에 대한 모든 것을 기록하다 보니 자연스럽게

'성장하는 과정'이 중요하다는 걸 깨달았습니다. 저에게 집중할수록 많은 변화가 생겼지요. 이 책《스탠퍼드 새벽 5시 반》은 변화의 과정과 함께, 그동안 깨닫고 느낀 것들, 학생으로서 공부법을 찾고 실행해온 다양한 노하우를 솔직하게 담았습니다.

책을 내기까지 고민이 많았습니다. 명문 대학교에 입학했다고 자랑하는 듯한 성공담이 되길 원치 않을뿐더러, 명문 대학교 입학이 최고라는 인식을 부추기는 게 아닐까 염려되었기 때문입니다. 권위 있는 대학에 나오고, 그럴 듯한 직업을 가진 사람만이 의미 있는 인생을 사는 것도, 성공한 인생을 사는 것도 아니지요. 궁극적인 행복을 추구하기 위해서는 더 가치 있고 중요한 게 있을 테니까요. 많은 분이 학교 이름보다 저의 메시지에 주목해주셨으면 합니다.

결과에 상관없이 과정을 즐기며 충분히 몰입했다면 그 자체로 성공한 삶이라 생각합니다. 결과를 내는 것은 목표가 될 수 있지만, 성장과 재미, 의미 등에 집중하는 것은 목적이 될 수 있습니다. '어떻게 하면 1등을 할까?' 만큼이나 '어떻게 하면 행복하게 공부와 입시에 임할 수 있을까?'라는 질문도 중요하다는 메시지를 전하고 싶습니다. 끊없는 경쟁 속에서 그 과정을 즐기지 못한다면 이겨도 행복할 수 없죠.

외부의 조언에 귀 기울이되, 궁극적으로는 내면의 소리에 집중해 여러분만의 길을 개척해 나아가시길 바랍니다. 꿈과 목표를 향해 1분 1초를 아껴 달려가되, 가족과의 시간, 휴식, 일상의 소소한 행복을 놓치지 않았으면 합니다. 미래의 찬란한 순간을 기다리기보다 지금 이 순간을 찬란하게 만들면서 말이죠.

미국에 와서 겪었던 시행착오와 제가 느끼고 깨달은 바를 생생하게 담으려 노력했습니다. 특히, 학생으로서의 태도와 마음가짐을 집중적으로 다루었습니다. 저는 공부의 신도 아니며, 제 공부법이 정답도 아닙니다. 다만, 제 방법이 여러분만의 공부법을 발견하는 데 도움이 되었으면 합니다.

나다운 삶을 살며 길을 개척해나가길 바랍니다. 제 이야기를 통해 한 분이라도 희망과 용기를 얻으면 그것으로 충분하다고 생각합니다. 여러분에게 숨어 있는 잠재력을 끄집어내 묵묵히 걸어나가길 희망합니다.

제 이야기를 세상에 나오게 해준 출판사와 저의 든든한 버팀목이 되어주는 가족에게 감사의 인사를 전합니다. 그리고 길 위에서 만난 한 분 한 분께 진심으로 감사드립니다.

이나흔(Lena Lee)

· 차례 ·

PART 2

성적이 오르는 공부 마인드

PART 3

즐거운 학교생활을 위한 방법

PART 4

모든 답은 내 안에 있다

PART
1

평범한 아이의 평범한 기록이 기적으로

01

기적은 작은 노트에서 시작되었다

“스탠퍼드대에 합격했다고요? 와, 그동안 공부 엄청 잘했겠네요.” 스탠퍼드대에 합격했다고 하면 사람들이 저에게 공통으로 하는 말입니다.

그러나 지난날을 돌이켜보면, 저는 남보다 뛰어나게 공부를 잘하는 편은 아니었어요. 특히 초등학교 시절에는 공부에 전혀 관심이 없었지요. 계획을 세워 공부하지도 않았고, 시험이 있다고 해서 특별히 대비한 적도 없어요. 오히려 밤늦게까지 시험공부를 했다는 친구를 보면 놀랍기만 했답니다.

게다가 공부 외에 운동, 악기, 그림 등 특별히 잘하는 무언가가 있지도 않았어요. 그래서 학기 초에 특기나 장기에 대해 써 오라는 숙제가 있을 때마다 막막하기만 했습니다. 저는 그저 늘 뒤에서 조용히 듣기만 하는 조용하고 얌전한 아이였거든요. 초등학교 저학년 때는 말수가 적어서 가끔 제가 무언가를 말하면 반 친구들이 신기해 할 정도였어요.

그래도 좋아하는 것은 있었어요. 바로 독서였지요. 특히 소설을 좋아해서, 시간이 날 때마다 참고서가 아닌 소설책을 집어 들고는 했어요. 학교가 끝난 후 집에서 책을 읽을 때가 가장 즐거웠던 것 같아요. 그 시간만큼은 누구의 방해도 받지 않고, 책을 읽으며 상상의 나래를 펼쳤지요. 제가 모르는 세계에 한 발짝 내딛는 기분이 짜릿했어요.

하지만 제가 잘하는 것을 '독서'라고 할 수는 없었습니다. 잘하는 것이 아니라 좋아하는 것이기 때문이죠.

부모님은 저에게 공부하라고 잔소리한 적이 없으셨어요. 제가 시험공부 대신 소설만 읽고 있어도 모르는 척 지나가셨죠. 그러던 어느 날, 소설이 재미있냐고 물으시며 다음과 같이 말씀하셨습니다.

"초등학교 때 충분히 놀고, 하고 싶은 것을 하는 건 좋아. 하지만 중고등학교에 올라가면 공부 때문에 고생할 수 있다는 건 알고 있어야 해." 부모님의 말씀이 신경 쓰이지는 않았어요. 책을 읽을 수 있는 시간이 마냥 좋았으니까요. 당시 저에게는 좋아하는 것, 하고 싶은 것을 하는 게 우선이었죠.

이런 제가 공부를 잘해야 갈 수 있는 대학교, 그것도 세계 최고의 명문 대학인 미국의 스탠퍼드대의 합격증을 받게 되리라고는 그 누구도 상상하지 못했습니다. 분명 기적과도 같은 일이었죠. 저는 그저 책 읽기를 좋아하는 평범한 학생이었을 뿐이니까요. 그렇다면 이런 제가 어떻게 스탠퍼드대에 들어갈 수 있었을까요?

내가 잘하는 것

우리나라에서 초등 교육을 받는 학생이라면, 대부분 숙제로 일기를 쓸 거예요. 저 또한 숙제로 매주 세 편의 일기를 써서 월요일마다 제출해야 했어요.

초등학교 4학년 때였어요. 그날도 어느 때와 다름없이 일기를 써야 했죠. 그래서 주말에 가족들과 등산한 일을 쓰기로 했어요. 하지만 왠지 길게 쓰고 싶지가 않아 간단하게 쓸 수 있는 형식이 없을까 고민하다가 시를 쓰기로 했습니다. 산을 오를 때의 설렘을 제 발걸음과 연결해 시로 써서 제출했죠.

그런데 이게 무슨 일일까요? 며칠 후 갑자기 교실에서 익숙한 첫 문장이 들려오더니, 곧 제가 쓴 시가 반 전체에 울려 퍼졌어요. 수업 시작 전, 선생님께서 제 시를 반 학생들에게 읽어 주시는 거예요.

'이건 내 시가 분명한데. 뭐지? 내가 뭘 잘못했나? 설마 잘 써서?' 제가 쓴 시를 직접 듣자 온몸이 파르르 떨렸어요. 그리고 곧 반 친구들의 박수 소리가 터져 나왔고, 저는 얼굴이 붉어지며 심장이 멎을 것 같았죠.

"나흔이는 글을 참 잘 쓰는구나." 선생님의 한마디에 마음이 벅차올랐습니다. 선생님께 직접적으로 칭찬받은 건 처음이었거든요. '아, 나도 잘하는 게 있었어!' 이 칭찬을 계기로 저는 글을 쓰고, 무언가를 기록하는 게 좋아졌어요. 그리고 잘하는 게 있다는 사실만으로 자신감이 생겼어요. 처음 맛보는 작은 기적이었죠.

그날 이후, 저는 작은 노트 한 권을 샀습니다. 그리고 노트에 제가 느끼고 생각하는 모든 것을 기록하기 시작했어요. 오늘 있었던 일, 기억에 남는 일, 제가 좋아하는 것 등을 한 자 한 자 빼곡히 적어나갔어요. 노트는 저의 새로운 친구 같았습니다.

그리고 공부에 대해서도 꾸준히 기록하고 생각했어요. 시험 기간에는 지금 공부하는 과목에 대해, 그 가운데 마음에 드는 부분과 마음에 들지 않는 부분을 적었죠. 공부 자체보다는 공부에 대한 생각과 느낌을 글로 표현하는 과정을 즐겼어요.

아마 누군가 이런 저를 봤다면, 책상에 앉아 시험공부를 정말 열심히 하는 학생이라고 생각했을 거예요. 그렇게 기록은 점점 제 생활의 많은 부분을 차지했어요.

이렇게 시작한 기록이 저에게 큰 선물을 안겨줄지는 전혀 예상하지 못했습니다.

02

미국 생활, 나만의 원칙을 세우다

'내가 미국에 간다고?' 중학교 졸업을 앞둔 3학년 겨울 방학 때였어요. 부모님을 따라 가게 된 미국행은 갑작스러웠습니다.

미국에서 제가 다닐 학교에 처음 방문한 날은, 고등학교 9학년 1학기 마지막 날이었어요. 기말고사가 끝나는 날이라 모두 분주해보였고, 미국의 하이틴 드라마에서나 보던 풍경들이 제 눈앞에서 펼쳐지고 있었지요. 애써 담담한 표정으로 등록 서류를 작성했지만, 낯선 곳에서의 두려움으로 한없이 떨리기만 했답니다.

그렇게 저는 미국의 고등학교 9학년 2학기부터 정식 수업을 듣게 되었어요. 한 학기의 중간에 들어가는 셈이었지요.

기다리던 개강 날이 되었습니다. 아침 6시에 눈이 번쩍 뜨였어요. 평소에 자정이 지나야 잠들던 제가 떨려서 9시에 잠들 정도였으니까요. 학교에 도착해 겉으로는 침착한 척했지만 사실은 어찌나 긴장되던지요. '여기는 어디? 다들 영어로 말하잖아? 당연하지. 여기는 미국이니까! 정신 차리자.'

이날 제일 당황하게 한 것은 다름 아닌 제 이름이었습니다.

"내훈 리! 내훈 리 없나요?" 바로 저였어요. 성이 '리'인 사람은 저밖에 없으니까요. "네, 저 여기 있어요."

제 이름, '나흔'을 표기한대로 읽으면 '내훈'이었죠. 미국인들은 이름을 부르며 인사하는 문화가 있어서 그런지 만나는 사람마다 제 이름을 어떻게 발음하느냐 물었어요. 그리고 급기야는 제 이름을 부르는 친구들이 한정되기 시작했고, 선생님들도 출석을 부를 때마다 머뭇거리셨죠. 앞으로 많은 사람을 만날 텐데, 부르기 쉬운 이름이 필요하다고 생각되었어요.

고민 끝에 저는 세례명을 이용하기로 했습니다. 세례명인 '헬레나(Helena)'에서 앞글자를 빼고 '리나(Lena)'라고 쓰기로 했지요. 이렇게 제 영어 이름인 '리나 리'가 탄생했습니다. 이름만 바꿨는데도 새로 태어난 것 같았어요.

며칠 전까지만 해도 학교와 독서실, 집만 왕복하는 반복된 일상을 살았는데, 이제는 새로운 곳에서 새로운 삶을 시작해야 했어요. 1, 2층의 낮은 건물과 대학교 같은 넓은 캠퍼스, 풋볼 경기장 등 정말 '미국의 학교'를 상상하면 떠오르던 광경이 펼쳐졌지요. 실감이 나지 않았어요. 앞으로 저에게 무슨 일이 생길지 궁금하고 설렜어요. 하지만 걱정도 많았어요.

어찌 되었든 저는 고등학생이 되었고, 대학교 입시가 더는 남의 이야기가 아니었기 때문이지요. 3년 후면 대학교에 원서를 내야 하는데, 영어도 완벽하지 않았고, 적응을 잘할 수 있을지도 의문이었어요.

게다가 학교 내신과 미국의 수능 시험인 SAT는 어떻게 준비해야 할지 전혀 감이 오지 않았어요. 알아보니 과외 활동도 꾸준히 해야 했고요. 제 앞에 놓인 상황을 인식하자 막막하기만 했습니다. 그냥 즐기기 위해 잠시 온 해외여행이 아니었지요.

새로운 시작, 나만의 원칙

미국에 오자 모든 것이 새로운 도전이었고, 어려울수록 더 잘해내고 싶었어요. 이왕 미국에서 고등학생으로 살게 되었으니 멋지게 지내보고 싶었달까요? 그러나 '수업을 못 따라가면 어쩌지? 친구는 어떻게 사귀지? 입시 준비는 어떻게 해야 하나?' 하는 현실적인 고민은 계속되었어요. 그런데 걱정할수록 새로운 걱정거리가 생기더군요. 이러면 안 되겠다 싶었죠. 계속 걱정만 하며 지낼 수는 없으니까요.

저를 잡아줄 무언가가 필요했어요. 저만의 규칙, 원칙이라고 할까요? 제가 불필요한 걱정을 할 때마다 올바른 방향으로 이끌어줄 원칙 말이죠. 걱정한다고 해결될 것은 아무것도 없으니까요.

'이럴 때는 어떻게 해야 할까?'라는 주제로 고민이 생길 때마다 노트에 적어보았습니다.

일단 제일 큰 고민거리는 '영어'였어요. 영어가 제 발목을 잡게 두고 싶지는 않았어요. 그래서 일단 영어 실력을 올리는 것을 최우선으로 삼았습니다. 영어가 되어야 배울 것을 제대로 배울 수 있었기 때문이죠. 단단히 각오하고 한 걸음 한 걸음 매일 발전하는 데에 중점을 두기로 했습니다.

그리고 곰곰이 생각해보니 제 주위에 모든 사람이 영어 선생님이나 마찬가지였어요. 학교에서 생활하며 쓰는 언어가 전부 실전용이었지요. 친구들과의 대화, 수업 과제, 선생님의 말씀 하나하나가 귀한 영어 자료였어요. '이제부터 나의 생활 모두가 영어 공부이고, 나는 성장을 위해 공부한다.'라는 생각을 첫 번째 원칙으로 삼았어요.

두 번째 원칙은 '남과 비교하지 않기'였어요. 누군가와 저를 비교하자면 끝이 없죠. 특히 영어 실력에 있어서는 영어를 모국어로 쓰는 미국 아이들이 잘하는 것은 당연했어요. 영어를 완벽하게 구사하는 그들 앞에서 영어 때문에 위축될 필요가 전혀 없었죠.

'미국의 친구들이 나보다 잘하는 데에 흔들리지 말고, 나대로 최선을 다하자.'라고 생각하며, 미국의 고등학교에서, 영어로 모든 과목을 배울 수 있다는 사실이 저에게 큰 기회임을 잊지 말자고 다짐했어요.

그리고 모든 일에 감사하자는 마음과 동시에 이곳 친구들의 두 배, 아니 열 배를 노력한다는 각오로 독해지자고 결심했습니다. 그러려면 시간을 허투루 쓸 수 없었어요. 시간을 계획적으로 쓰기 위해 노력했지요.

일단 저는 모든 과정을 기록하기로 했어요. 그러기 위해 매 순간 저를 관찰하고, 모든 일에 의미를 두었습니다. 아래는 그 당시 노트에 적었던 내용이에요.

2016월 3월 15일

나는 행복하다. 나는 천재다. 나는 할 수 있다.
내가 잘하면 된다. 남에게 잘 보이려고 하지 말자.
한 걸음 한 걸음 매일 발전하고 성장하는 게 중요하다.
고등학교 과정을 영어로 배우고, 이곳의 친구들과 함께 수업을 들을 수 있다는 건 기회이다. 정말 행복하다.

기회는 준비하는 자의 것이다. 실력이 있으면 될 사람은 된다.
얼마나 가슴 뛰는 삶인가. 매 순간 관찰하고, 생각하고, 모든 일에 의미를 두자. 그리고 기록하자.

모든 일에 감사하자. 현재를 즐기자.

남들의 이야기가 아닌, 나의 내면의 소리에 귀 기울여 내 길을 가자. 이곳 친구들보다 열 배 노력하자. 독하게 하자.

중요하지 않은 일에 시간을 허비하지 말자.

한계를 뛰어넘자. 살아 있는 매 순간순간이 기적이다.

될 사람은 다르니, 기회를 잡자.

깨어 있자. 무엇을 해도 될 것처럼.

무엇을 하든 정성을 들이자. 하나를 보면 열을 알게 될 것이다.

마음의 여유를 갖고, 즐기면서.

세상의 참맛을 느끼고 마음껏 누리자.

꿈을 간직하고 과정을 즐기며 인생의 달콤함을 맛보자.

10분, 아니 1분이라도 알차게, 그리고 최선을 다하자.

공부에 흠뻑 빠져보자. 세상에 흠뻑 빠져보자. 배움은 즐거운 일 아닌가? 지금처럼 마음껏 배움에만 매진할 기회는 없을 것이다.

하루하루가 행복하다. 공부가 재미있다. 학교가 재미있다.

더 열심히 하자. 삶에 충실하자.

당당하게 나아가자. 무엇이든 할 수 있다.

나에게는 보이는 것 이상 해낼 수 있는 힘과 능력이 있다.

나는 나를 사랑한다. 나는 나를 믿는다.

나는 잘할 수 있다. 모든 일에는 의미가 있다.

저는 이렇게 긍정적인 생각과 다짐을 꾸준히 기록하며, 낯선 미국 생활에 적응해나갔습니다. 원칙을 만들고, 그 원칙을 기준으로 매 순간 다짐하고 느끼는 것들을 기록하며 앞으로 나아간 거죠. 기록하는 순간들은, 저와 세상에 대해 생각할 수 있는 시간이 되었습니다.

03

기록이 나를 성장시킨다

중학교 첫 시험을 앞둔 어느 날이었어요. 첫 시험이 얼마나 중요한지 수없이 들어서인지 압박감이 상당했지요. 그래서 이 감정을 어딘가에 쏟아내고 싶어 노트를 펼치고는 첫 시험에 대한 두려움을 세 장 가까이 써 내려갔어요.

시험을 잘 봐야 한다는 생각부터, 만약 시험을 못 보면 어떻게 해야 할지까지 말이죠. 그러다가 문득 이런 생각이 들었습니다. '이렇게 걱정만 한다고 되는 게 아니구나. 일단 할 수 있는 데까지 최선을 다하고 결과는 그다음에 생각하자.'

나름의 해결책을 찾은 거예요. 그제서야 저는 공부에 매진할 수 있었어요. 할 수 있는 데까지 해보는 것이 지금 제가 할 일이었으니까요.

이후 저는 고민이 있을 때마다 적극적으로 기록하기 시작했습니다. 기록하는 습관이 더욱 공고해진 게 바로 이때부터예요. 그리고 기록하는 습관이 빛을 발한 때가 있어요.

미국에서의 첫 영어 수업 시간이었습니다. 수업이 끝난 뒤, 선생님께서는 "이 책을 다 읽고, 요점을 정리하고 분석한 다음, 본인의 의견을 달아 마감일까지 제출하세요."라고 과제를 내주셨어요. 이 두꺼운 책을 그 짧은 시간 안에 다 읽을 수 있을지부터 막막했어요. 정말 눈앞이 캄캄했다고 표현해도 좋을 거예요. 하지만 친구들은 이런 과제가 익숙한 듯 아무렇지 않은 표정이었어요.

책을 펼치니 왜 이리 모르는 단어가 많은지, 한 장을 읽어내기도 쉽지 않았죠. 도저히 진도가 나가지 않았어요. 책 한 권 읽는 것도 이렇게 힘든데, 다 읽고 분석까지 해오라니요.

며칠이 지났을까. 같은 반 친구 중 한 명이 과제를 얼추 끝내고 선생님께 첨삭 지도를 받는 걸 보았어요. 마감일까지는 일주일 정도의 시간이 남았고, 저는 이제 겨우 앞부분을 읽고 있을 뿐이었지요.

책을 펼치면 전부 영어였고, 내용을 분석해 의견까지 달아야 했으니 마음이 무거웠어요. 게다가 다음 시간에는 과제 내용으로 토론하고 즉석에서 발표까지 한다고 하니 더욱 앞이 캄캄했어요.

가장 좋은 해결 방법은 기록이다

집에 오자마자 저는 노트를 펼치고 걱정거리들을 써 내려갔어요. 이렇게 늘 제 기록의 첫 문단은 고민으로 시작했습니다. 당시, 제 앞에 놓인 시급한 문제는 바로 책을 읽고 분석하는 영어 과제였지요.

빨리 책을 다 읽어버리고 싶은 마음, 벌써 한계에 부딪힌 듯한 좌절감, 그리고 영어 자체에 대한 고민을 솔직하게 풀어나갔습니다. 이렇게 쭉 써보니 금방 제가 해야 할 일이 생각났어요. 저도 모르게 해결책을 쓰고 있는 것과 마찬가지였지요. 걱정만 한다고 해서 저절로 문제가 해결되지도, 과제가 없어지는 것도 아니었어요. 계획을 세워야 했어요. 그래서 저는 기록 대신 계획을 세우기 시작했어요.

'이 책을 언제까지 읽어야 하지? 그럼 하루에 읽을 양은? 어떻게 해야 효율적으로 읽을 수 있지?' 이런 구체적인 질문을 하며 계획을 써 내려갔어요. 계산해보니 하루에 20장씩 읽으면 될 것 같았지요.

그리고 무작정 읽기보다 옆에 노트를 두고, 각 파트가 끝날 때마다 요점을 정리하며 읽으면 효율적이라는 걸 알았어요. 책을 다 읽고, 요점을 정리한 노트를 보며 제 의견을 덧붙여 글로 표현하면 될 것 같았지요. 이대로 하면 과제를 무사히 끝낼 수 있을 거란 확신이 들었어요. 책을 언제까지, 어떻게 읽을지에 대한 답이 나오니, 다음 단계인 에세이를 쓸 계획까지 술술 나왔어요. 제 요점 노트를 이용해 마인드맵을 만들면 좋겠다는 아이디어도 나왔지요. 그렇게 제 첫 영어 과제의 전체 로드맵이 완성되었어요.

과제하는 틈틈이 노트를 보며 계획대로 진행하고 있는지

점검했어요. 물론, 영어로 뒤덮인 페이지를 볼 때마다 한숨이 나왔지만, 그때마다 '나는 할 수 있다.'라고 적으며 영어가 제 발목을 잡게 해서는 안 된다고 채찍질했어요. 신기하게도 할 수 있다고 되뇔수록 오기가 생겼고, 며칠간의 노력 끝에 과제를 성공적으로 마칠 수 있었습니다. 그리고 과제를 하며 영어 공부를 얼마나 열심히 해야 할지 깨달았어요.

이를 계기로 본격적으로 영어 공부에 매진하게 된 거죠. 또한, 기록과 점검을 통해 공부하는 과정을 즐기게 되었고, 어떤 결과에도 흔들리지 않게 되었습니다.

현재의 심경을 자유롭게 글로 풀어나가는 것은 문제를 해결하기 위한 제 최적의 방법이었어요. 생각을 기록하며 저 자신과 대화할 수 있었거든요. 무슨 생각을 하고, 어떤 고민이 있으며, 문제를 어떻게 해결할지 제일 잘 아는 사람은 바로 저 자신이죠. 그리고 제가 잘할 수 있을지 의문이 들 때마다 큰 글씨로 '나는 할 수 있다.'라고 적었어요.

기록은 저만의 비밀 병기입니다. 저를 지켜주는 방패이자, 저를 성장하게 하는 원동력 중 하나이기도 하고요. 글을 쓰며 저는 두려울 게 없어졌습니다.

04

나를 변화시킨 감사일기의 힘

기록의 매력에 빠지며 또 하나의 즐거움이 생겼어요. 바로 노트의 빈칸에 감사한 일을 적는 것이었어요. 적기만 해도 입가에 미소가 절로 나왔지요. 그래서 매일 일상에서 감사할 거리를 찾았습니다. 오늘따라 공부가 잘되었거나, 학교에서 맛있는 급식이 나온 소소한 일도 모두 감사하다고 적었어요. 그러다보니 문득 이런 생각이 들었어요.

'나는 지금 어디에 있지? 미국에 있구나. 미국에서 고등학교에 다니고 있구나. 이곳에서 마음껏 공부할 수 있다니!'

갑자기 미국에서 공부하는 것 자체만으로 감사하다는 생각이 들며, 지금 가지고 있는 것들에 감사하지 않는다면, 앞으로 일어날 어떤 일에도 만족할 수 없다는 생각이 들었죠. 그래서 정말 당연한 일에도 감사하게 되었고, 그대로 노트에 적었어요.

저는 노트에 '창밖을 보았어요. 이렇게 하늘이 맑고 날씨가 좋아서 감사해요. 이렇게 감사일기를 쓸 수 있는 것도 감사합니다.'라고 썼어요. 순간, 제 방에 있는 모든 물건에도 감사한 마음을 갖게 되었답니다. 그렇게 그물망처럼 감사할 일이 생각났고, 나중에는 살아 숨 쉬는 것조차 감격스러웠습니다.

그래서 저는 감사일기장을 따로 만들었습니다. 매일 일과를 마친 후, 감사일기 쓰는 시간을 가졌어요. 좋아하는 노래를 들으며 쓰면, 마음이 편안해지며 감사한 일이 끊임없이 튀어나왔죠.

학교에 갈 수 있어 감사합니다.

아늑한 집에서 마음껏 공부할 수 있어 감사합니다.

하루하루 더 나은 사람이 될 수 있어 감사합니다.

감정을 아름답게 표현할 수 있는 능력이 있어 감사합니다.

글을 읽을 수 있어 감사합니다.

마음대로 움직일 수 있는 건강한 몸이 있어 감사합니다.

설레고 기대되는 내일이 있어 감사합니다.

지금, 이 순간에 이곳에 존재할 수 있어 감사합니다.

살아 있어서 감사합니다.

감사한 일을 쓰면 쓸수록, 어떤 일이 일어나도 받아들일 수 있게 되었고, 문제가 생겼을 때 외부에서 답을 찾기보다 이미 제가 누리고 있는 것들에서 답을 찾게 되었어요. 공부가 잘 안 되어 답답할 때는, 이 순간의 배움 자체에 감사했습니다.

'오늘은 또 어떤 감사한 것을 적을까?'라는 생각으로 하루하루를 보내니 학교에 가는 게 즐거웠어요. 새로운 친구를 사귈 수 있어 설레고, 공부가 좋아졌어요. 웃는 날의 연속이었지요. 평범한 일상 속에서 웃을 일이 있다는 게 행복이라고 생각했어요.

제가 긍정적으로 바뀌니, 주위에 긍정적인 사람이 모이기 시작했습니다. 상황을 바꾸기보다 제 마음가짐과 생각을 바꾸려고 노력했어요.

감사일기를 쓰며 목표를 찾다

감사일기를 쓰며 어느 정도 시간이 지나자, 저는 현재뿐 아니라 미래에 대해 상상하며 감사하기로 했어요. 원하는 것을 이루었을 때의 기분을 미리 맛보고 그 행복을 느끼고 싶었죠.

우선 가고 싶은 대학에 합격한 모습을 써보았어요. '제가 제일 가고 싶은 대학교에 붙어서 감사합니다.'라고 쓴 다음, 합격 통지서를 받고 대학생이 되어 공부하는 것을 상상했어요. 진짜 합격이라도 한 듯 가슴이 벅차오르고 짜릿했습니다. 그런데 곧 이런 생각이 들더라고요.

'왜 이 대학에 가야 하지? 다른 대학은 안 되는 거야? 나는 왜 이 대학교에 가고 싶은 거지?' 원하는 대학에 대한 절실함은 그에 맞는 열정을 불러오기도 하지만, 한편으로는 집착이 된다는 걸 깨달았어요. 집착은 진짜 원하는 것을 이루는 데 방해가 될 수 있다고 생각했죠. 그래서 저는 시간이 날 때마다 왜 대학에 가고 싶은지, 궁극적으로 무엇을 하고 싶은지 고민했습니다.

당시 제 목표는 '최고의 대학에 입학하기'였어요. 그리고 왜 최고의 대학에 가고 싶은지를 끊임없이 물었지요.

저는 늘 다양한 시각으로 저와 세상을 바라보고 싶었어요. 이러한 바람에 근거해 목표에 대해 고민하다 보니 대학교는 저에게 날개를 펼칠 수 있게, 더 높이 날아오를 수 있게 하는 곳이라는 생각에 다다랐어요. 마음껏 공부할 수 있는 환경에서 공부하고, 더 넓은 곳에서 좋은 사람들을 만나며 깊이 있게 세상을 배우고 싶었죠. 나아가 사회에 이바지할 수 있는 실력과 내공을 쌓고 싶었어요. 배움을 통해 타인에게 좋은 영향을 주는 사람이 되길 바랐죠.

불현듯 '아, 이게 진짜 목표구나!' 하고 깨달았어요. 최고의 대학에 가는 것은 궁극적으로 제가 하고 싶은 것을 찾고, 그 일을 돕는 수단일 뿐 진짜 목표는 아닌 거지요. 그리고 최고의 대학에 입학하지 못하더라도, 제가 원하는 목표를 이룰 방법이 많을 거란 생각도 들었어요. 대학 입학은 목표를 이루는 수많은 방법 가운데 하나인 거죠.

그 뒤로 저는 완전히 다른 마음가짐으로 고등학교 생활을 하게 되었습니다. 전에는 '나는 꼭 이 대학교에 가야 해.'라고 생각했다면, 이후로는 '이 대학교가 아니더라도, 충분히 내가 원하는 삶을 살 수 있어. 어떤 대학을 가든 나는 충분해.'라고 생각했고, 대학에 대한 집착이 사라졌어요.

물론, 불안할 때도 있었어요. 대학에 떨어진다거나, 시험을 망치는 상상도 했죠. 그때마다 제 시선은 저에게 향했습니다.

'괜찮아. 너는 지금도 충분해. 네가 대학에 합격하든 아니든, 시험을 잘 보든 아니든 나는 너를 사랑해. 너는 그 자체로 완벽한 사람이야. 결과와 상관없이 너는 빛나는 사람이야. 나는 네가 좋아.' 이렇게 생각하며 고등학교 시절을 보냈어요. 특히 시험을 볼 때마다 내면에 집중할수록 좋은 결과가 나온다는 걸 체감했지요. 어느 대학교에 가든 제 가치는 변치 않을 거라는 확신이 있었습니다.

이후, 감사일기의 내용이 바뀌었어요. 특정 대학교 합격에 대한 감사함이 아니라, 어느 대학을 가든 배움의 기회를 얻을 수 있음에 대한 감사함으로요. 결과가 어떻든, 그 결과는 최고일거라 믿었어요.

감사일기를 통해 진짜 목표를 깨달았어요. 그리고 무엇을 할 때 행복한지, 왜 공부하는지, 왜 대학에 가야 하는지, 제가 원하는 진정한 성공이 무엇인지를 알았죠. 그리고 자신에게 솔직해질 수 있었습니다.

감사일기는 나를 성장시키는 엄청난 힘을 가졌어요. 저는 성취로 인한 행복이 아닌, 지금 이 순간에 감사할 수 있는 행복을 맛보았습니다.

A

PART
2

성적이 오르는 공부 마인드

01

나는 독해지기로 했다

초등학교 시절에는 학교에서 내주는 숙제만 할 뿐, 주도적으로 계획을 세워 공부해본 적이 없어요. 그러다가 중학교에 들어가며 공부에 관심이 생겼죠. 특히, 중학교 첫 시험을 3주 정도 앞둔 때부터는 각오 또한 남달랐습니다. 왜 공부에 관심이 없던 제가 중학생이 되어 달라졌을까요?

이유는 확실치 않지만, 소설을 읽으며 다양한 분야에 관심을 두게 되었고, 자연스럽게 더 많이 배우고, 알고 싶어 했던 건 확실해요.

어느 순간, 공부를 정말 열심히, 그것도 아주 치열하게 해보고 싶다는 생각이 들었습니다. '중학생'이 되었다는 사실만으로 자극이 된 데다가, 초등학교와는 달리 성적대로 등수가 나오는 시스템에 긴장했기 때문일까요? 당시 제 책상 앞에는 '중학교 첫 시험이 곧 마지막 성적이다' 등의 문구가 붙어 있었습니다. 마치 첫 시험이 제 인생을 결정할 듯이 말이죠. 한편으로는, 그만큼 첫 시험을 중요하게 생각했던 평범한 우리나라의 중학생이기도 했어요.

'어떻게 해야 공부를 잘할 수 있을까? 이왕 보는 시험이니 잘해야지.'라는 생각으로 우선 문제집을 사러 서점에 갔습니다. 하지만 쌓여 있는 문제집을 보고는 무엇을 선택해야 할지 알 수 없었어요. 할 수 없이 제 기준에서 보기 쉽고, 설명이 잘되어 있는 문제집을 골라 열심히 풀었어요.

기준이 없으니, 어느 정도 공부해야 반에서 1등을 할 수 있을지, 지금 하는 정도로 공부하면 몇 등이고, 몇 점일지 궁금한 게 많았지요. 일단 열심히 하는 수밖에 없었고, 나름대로 최선을 다했어요.

하지만 결과는 좋지 않았습니다. 특히 수학은 말도 안 되는 점수였죠. 충격과 실망보다는 깨달음이 더 컸어요.

'아, 더 열심히 해야겠구나. 도대체 얼마나 공부해야 할까?' 첫 시험을 계기로 다른 친구들의 공부법이 궁금했습니다. '전교 1등을 하는 아이들은 도대체 몇 시간이나, 어떻게 공부하는 걸까?' 하며 그들이 가진 노하우, 노력, 마음가짐이 알고 싶었지요.

그러다 인터넷에서 우연히 EBS의 〈공부의 왕도〉라는 프로그램을 보았습니다. 공부 수재들을 취재해 그들의 공부법을 소개하는 내용이었어요. 그들은 정말 독하게 공부하더라고요. 공부 플래너와 노트에는 작은 글씨가 빼곡했고, 조금이라도 남는 시간이 생기면 바로 단어장을 꺼내 영어 단어를 외우는 모습이 인상적이었어요.

그리고 그보다 놀란 건, 바로 공부를 즐긴다는 거였어요. 마치 제가 소설을 읽는 것처럼 말이죠. 〈공부의 왕도〉를 보고 저도 그들처럼 몰입해서 공부해보고 싶어졌어요. 시험을 앞두고 치열하게 공부하고 즐기는 듯한 그들의 모습을 닮고 싶었죠. 종일 독하게 공부하고 자신의 한계를 뛰어넘는 그런 사람이 되고 싶었답니다.

'그래, 나도 해보는 거야. 독하게 말이야.' 이렇게 다짐하고, 다음 날부터 바로 도서관으로 향했어요. 입시를 코앞에 둔 수험생이 될 때까지 기다릴 필요 없이, 당장 수험생처럼 공부를 시작했습니다. 그렇게 집 근처의 도서관은 저의 단골 장소가 되었습니다.

도서관 특유의 분위기도 좋았어요. 모두 공부에 열중한 모습도 인상적이었지만, 노력과 열정의 공기 또한 가득했죠. 각자의 꿈을 향해 한 걸음씩 나아가는 공간처럼 느껴졌어요. 수능을 앞둔 수험생들 사이에서 저 또한 뜨겁게 공부하는 사람 중 하나라는 사실이 뿌듯했어요. 밤늦게까지 도서관에서 공부하고 집에 오는 길에는 '오늘도 열심히, 최선을 다해 살았어.'라고 마음속으로 외치고는 했죠. 그렇게 중학교 1학년부터 공부가 좋아졌어요.

노력은 배신하지 않는다

중학교 2학년 2학기가 되었습니다. 당시 제가 다니던 학교에는 매 학기, 전교 3등까지 별도의 장학금을 주는 제도가 있었어요. 공부에 대한 열정이 가득했던 때라, 저는 장학금을 받는 것을 목표로 했어요. 학기마다 단상에서 상장과 장학금을 받는 친구들을 보며, 저도 한 번은 꼭 받아보겠다고 다짐했지요. 그리고 곧 제 차례가 올 것 같았습니다.

시험 3주 전은 1분 1초가 아까워서 도서관에 가는 버스에서도 영어 지문을 외웠고, 휴대전화는 아예 꺼놓았어요. 제가 다니던 도서관은 밤 11시에 문을 닫아서, 그 이후로는 다시 새벽 2시까지 하는 집 근처 독서실로 향했습니다. 독서실에서도 가장 마지막까지 남아 공부했어요. 그렇게 집에 도착하면 새벽 2시가 넘었지요. 집에 와서 침대에 눕기 전까지는 한문이나 영어 지문을 외웠어요. 피곤할 만도 했을 텐데, 당시 저는 어느 때보다 정신이 맑았고, 행복했습니다.

원하는 목표가 있고, 목표를 향해 이렇게까지 노력하는 제가 대견하기까지 했어요.

드디어 시험 결과가 나오는 날이 되었어요. 아침부터 무척 떨렸죠. 그런데 이럴 수가! 전 과목에서 두 문제만 틀리고 다 맞은 거예요. 결국 저는 전교 3등을 했고 장학금을 손에 쥘 수 있었어요.

성적표를 받는 순간, 저도 모르게 울컥했어요. 처음 느껴본 감정이었습니다. 그 벅찬 감정은 무엇과도 비교할 수 없을 정도로 짜릿했고, 노력은 배신하지 않는다는 것을 실감했어요.

이후로도 공부는 계속되었고, 몇 달이 지나자 저는 확실히 변해 있었어요. 시험을 위해서가 아니라, 공부 자체를 즐기게 된 거예요. 공부하면서도, '왜 이 문제의 답이 이거지? 왜 이 문제를 내셨지?' 하며 답만 찾기보다 공부의 본질과 질문 자체에 더 중점을 두었습니다.

'이번에는 정말 독하게 공부할 거야!'라고 다짐하고 몰입한 경험을 통해 중요한 것을 얻었어요. 바로 '언제든 마음먹으면 몰입할 수 있다.'라는 자신감과 스스로에 대한 믿음이었습니다.

누군가가 공부에 있어서 가장 중요한 덕목을 묻는다면, '몰입하는 힘'이라고 할 것 같아요. 책상에 앉아 있는 시간보다 얼마나 집중했는지가 중요합니다. 시간 가는지 모르고 취해서 공부할 때의 그 몰입말이지요. 사실 공부 요령이나 상세한 공부법은 자신의 성향이나 과목에 따라 다를 수 있어요. 하지만 집중하는 능력은 어떤 과목을 공부하든, 심지어 졸업하고 어떤 일을 하든 변하지 않는 핵심 능력이라고 생각합니다.

02

내 노력에 감동할 때까지

제가 사는 캘리포니아는 햇살이 가득해 시도 때도 없이 졸음이 쏟아지기 일쑤예요. 공부하겠다고 마음먹어도, 몸이 따라주지 않는 경우가 많죠. 마음 같아서는 10시간도 넘게 공부하고 싶어도, 책상에 앉아 있으면 책에 침을 흘리고 있는 날이 다반사였고, 어느 날은 너무 졸려서, '딱 5분만. 5분만이야.' 하고 침대에 누웠다가 2시간이나 잔 적도 있어요. 그러면 시간을 낭비한 것 같아 속상했어요. 마치 나 자신과의 싸움에서 진 것 같은 기분이었죠.

'낮잠을 안 잘 수는 없을까?'라는 고민 끝에, 저는 침대 옆에는 절대 가지 말자고 다짐했어요. 아무리 졸려도 눕지 않기 위해 침대 위에 책을 쌓아두어 철통 방어했지요. 신기하게도 이 방법이 먹혔답니다. 공부하다가 졸리면 침대에 눕는 대신, 의자에 기대서 잠시 쉬거나 아예 서서 공부를 했어요. 눕고 싶어도 침대 위에 있는 책을 치우고 눕는 것도 일이었지요. 저는 누우면 바로 잠이 든다는 것을 잘 알아서 저에게 맞는 방법으로 잠을 이기려고 노력한 거예요.

물론, 잠이 쏟아지는 걸 막을 수는 없어요. 그래서 아예 잠이 올 때 어떻게 할지 행동 목록을 만들어 붙였어요.

1. 일어서서 공부하기
2. 세수하기
3. 찬물 마시기
4. 거실로 나가 공부하기
5. 양치하기
6. 〈공부의 왕도〉 같은 자극되는 프로그램 시청하기
7. 커피 마시기(최후의 선택)

일반적인 방법이지만, 생각만 하기보다 글로 써서 붙여 놓으면 확실히 달라요. 잠이 오면, 붙여둔 메모를 보며 하나씩 실천하게 되기 때문이죠. 그러는 사이에 잠이 달아나기도 하고요.

저는 잠이 올 때 졸린 심정을 글로 적기도 했어요. 옆에 있는 아무 노트에 얼마나 집중이 안되고, 괴로운지를 생생하게 적었어요. 물론 글씨는 삐뚤빼뚤 지렁이가 기어다녔고, 나중에 보면 알아보기도 힘들었죠. 그래도 괜찮았습니다. 이렇게 하는 것만으로도 효과가 컸으니까요.

너무 잠이 쏟아져 공부를 못할 때는 저에게 엄청나게 쓴소리를 날렸어요. "정신 차려. 이러면 안 돼. 네가 이러고도 수험생이야? 지금 1분 1초가 중요한데 잠이 와? 하고 싶은 일이 이렇게 많은데 이 시간에 잠이 와?" 쏘아대고는 버틸 수 있을 때까지 버텨보자는 마음으로 목록에 있는 다양한 방법을 동원했어요.

그러던 어느 날, 제가 졸릴 때 썼던 글을 본 적이 있어요. 나와의 싸움에서 이기려고 한 시도와 과정을 보니, 다시 한번 자극이 되더라고요. 얼마나 독하고, 치열하게 공부하는지 스스로 알 수 있었죠. 반대로 공부가 정말 잘될 때 쓴 글을 읽는 것도 동기 부여가 되었어요.

'아, 왜 이렇게 울컥하지. 지금은 새벽 2시 12분. 낮잠도 자지 않고, 새벽까지 이렇게 열심히 공부한 건 정말 오랜만이다.

이 시간이 행복하다. 그래, 이 맛이야!'

잠을 줄이면서 끝까지 공부하는 희열을 느끼며, 스스로를 대견해 했어요. 저에게 있어 밤늦게까지 공부한다는 것은 잠과의 싸움에서 이긴 것과 같았지요. 모든 게 제 의지를 시험하기 위한 것이라 생각해 더 열심히 했습니다.

그리고 자신과의 싸움에서 이겼을 때는 성적이 어떻든 신경 쓰이지 않았어요. 최선을 다했고, 스스로 감동했기 때문이죠. 어떤 결과에도 저는 휘둘리지 않았고, 후회하지 않았습니다.

주어진 환경에 휘둘리지 않고, 나만의 환경을 만든다

그런데 또 하나의 난관이 있었어요. 바로 아무리 노력해도 그냥 집중이 안되는 날이지요. 집에서 공부할 때는 책장에 꽂혀 있는 소설책이 문제였어요. 왠지 시험 기간만 되면 더 읽고 싶어졌거든요. 그 외에도 제 방은 공부를 방해하는 물건들이 가득했죠. 그래서 아예 공부하는 환경을 바꾸기로 했습니다.

낮이나 주말에는 새로운 곳에서 공부하기로 했어요. 바로 스타벅스였지요. 캘리포니아에는 우리나라처럼 종일 공부할 수 있는 공간을 찾기 어려워요. 독서실도 없고, 근처 도서관도 주말에는 일찍 문을 닫죠.

그래서 저는 보통 도서관에서 공부하다가, 문을 닫으면 스타벅스로 이동해 공부를 이어나갔어요. 스타벅스뿐 아니라, 여러 카페를 찾아다니기도 했죠. 한곳에 너무 오래 있으면, 집중도가 떨어졌거든요. 제 경우에는 환경을 바꾸면 집중도가 올라가는 것 같아요. 결국 동네에 있는 모든 카페를 찾아다녔고, 카페는 제 단골 공부방이 되었습니다.

SAT를 앞둔 시기에는 카페에 살다시피 했어요. 밤늦게까지 늘 같은 자리에 앉아 기출 문제를 풀고, 책을 읽었지요. 이곳에도 주변을 둘러보면 공부하는 사람으로 가득했어요. 각자 자기 일에 몰두한 사람들을 보면 자극이 되었고, 공부하는 데 동기부여가 되었죠. 저는 이런 분위기가 좋았어요. 하고 있는 일은 다르지만, 모두가 자신의 꿈을 향해 달려가고 있는 공간이라는 생각이 들었달까요?

카페가 문 닫을 때까지 공부하고 나올 때마다 저는 세상에서 제일 행복한 사람이 되었습니다. 그날그날 계획한 것들을 다 실천했을 때는 정말 무슨 일이든 다 할 수 있을 것 같았어요. 이렇게까지 최선을 다하는 제 모습이 정말 좋았습니다.

진인사대천명(盡人事待天命)이라는 말을 좋아해요. 하늘은 스스로 돕는 자를 돕는다는 말이죠.

내가 할 수 있는 데까지 최선을 다하되, 결과에 대해서는 마음을 비워야 해요. 그리고 모든 일에 최선을 다하면 스스로에 대한 믿음이 생기죠. 자신의 노력에 감동하면 결과에 연연하지 않게 되어요. 결과보다는 과정에 대한 노력이 저에게는 가장 중요해요.

03

공부 계획 실천 노하우: 공부 일지 사용법

새해가 되면 많은 사람이 새로운 마음으로 다양한 계획을 세웁니다. 학생이라면 새 학년과 새 학기를 앞두고 저마다 공부 계획을 세울 거예요. 주변에서도 공부할 때는 계획이 중요하다고들 하죠.

하지만 저는 계획보다 실천하는 데에 더 의미를 둡니다. 지키지 못할 계획은 자신을 더 힘들게 할 뿐이에요. 굳건한 의지를 다져도, 실천하지 못하면 소용 없으니까요.

저도 욕심이 앞서 무리하게 계획했다가 실패한 적이 있어요. 계획대로 하지 못하니 공부에 대한 의욕이 떨어지고, 저에 대한 믿음이 흔들렸습니다. 그렇게 몇 번의 실패 끝에 저 자신을 객관적으로 알고, 적당한 계획을 세워야 한다는 걸 깨달았어요.

일단 제가 소화할 수 있는 공부의 양과 범위를 알아야 했어요. 그래서 매일 공부 일지를 쓰며 저를 모니터링하고 관리하기 시작했어요. 시간 관리처럼 공부에도 관리가 필요하다고 생각했거든요.

무리하게 계획을 짜서 무작정 공부할 게 아니라, 지금 내가 어느 정도로 공부하고 있으니 얼마나 더 공부하면 좋을지를 알기 위해 매일 일지를 썼어요. 제가 쓴 공부 일지 내용과 그 방법을 소개할게요.

- **오늘 총 몇 시간 공부했는가?**

공부 일지의 기본은 '공부한 시간'을 기록하는 것이다. 공부한 총 시간은 객관적인 지표가 되며, 효율적인 데이터를 제공한다. 나는 스톱워치를 휴대해 공부한 시간을 쟀다. 예를 들어, 수업 중 자습 시간이 생겨서 개인 공부를 했다면 바로 스톱워치를 켜서 시간을 기록해나갔다. 그렇게 총 시간을 재고 기록했다.

- **오늘 잘한 점 / 반성할 점은 무엇인가?**

나의 일과를 가장 잘 아는 사람은 본인이다. 오늘을 어떻게 보냈는지 점검하기 위해서 매 순간 뒤돌아보며 사소한 것들을 기록했고, 잘한 점과 반성할 점을 적었다. 어느 날은 집에 와서 30분의 휴식 시간을 지키지 않고, 1시간 넘게 휴대전화를 본 일이 있었다. 이 내용을 일지에 쓰고 나니 습관적으로 휴대전화를 보는 습관을 고치게 되었다. 일지를 쓰지 않으면 알 수 없는 습관이다.

• 오늘 나의 노력 점수는?

불필요한 일에 시간을 쓰지는 않았는지, 계획을 실천했는지를 분석하며 오늘의 노력 점수를 매겼다. 스스로 감동할 만큼 최선을 다했으면 높은 점수를, 내가 생각해도 나태한 하루를 보냈으면 낮은 점수를 주었다. 높은 점수를 받은 날은 앞으로 이렇게만 하면 어떤 결과에도 흔들리지 않을 거라는 믿음과 자신감이 생겼고, 낮은 점수를 받은 날에는 더 열심히 하겠다는 각오를 다졌다.

• 오늘 무엇을 배웠는가?

배운 내용 중 기억나는 모든 것을 자유롭게 썼다. 사실 이렇게만 해도 훌륭한 복습이 되며, 배운 내용을 완벽한 내 것으로 만들 수 있다. 빨리 쓰지 않으면 금방 머릿속에서 지워지기 때문에, 되도록 수업이 끝난 직후나 늦어도 그날 밤에는 쓰기를 권한다. 나는 되도록 빨리 쓰기 위해 한 문장으로라도 요약해 쓰는 습관을 길렀다. 예를 들어, 프랑스어 수업이라면 그날 배운 단어나 기억에 남는 표현을 적었고, 미국사 수업이라면 그날 배운 사건이나 인물에 대한 키워드를 짧게 적었다. 그리고 시간이 많을 때는 그 옆에 보충 설명을 적었다. 어제와 같은 주제의 수업을 들었다면, 어제 쓴 데에 이어서 쓰는 것도 방법이다. 또한 생소하거나 잘 안 외워지는 내용이라면 생각나는 단어만이라도 적어두자. 다음에 보았을 때 확실히 상기할 수 있다.

• 새롭고 인상 깊은 내용은?

공부 일지의 핵심적인 질문이다. 배운 내용을 외우고 익히는 데에 그치지 않고, 내 의견을 적어야 한다. 나는 미국사 시간에 배운 내용은 그 역사가 마치 내 눈 앞에 펼쳐지는 것처럼 느껴져 가장 많은 의견을 적었다. 내 의견을 적을 수 있어야 진정한 공부가 되며, 에세이를 쓸 때에도 도움이 된다.

이렇게 매일 공부 일지를 쓰자 능률적으로 공부할 수 있게 되었어요. 언제, 어떻게 공부할지를 알고, 부족한 부분을 채워나갈 수 있었죠. 그래서 공부 일지에 저의 목표와 꿈에 관한 내용도 추가해 동기 부여를 해나갔습니다.

저는 공부 일지를 작성하며 제가 올바른 방향으로 나아가고, 계획을 실천할 수 있도록 꼼꼼히 관리했어요. 그리고 계획을 지속적으로 확인하고, 반성하고, 수정하는 습관을 길렀어요. 그렇게 목표에 한 발짝씩 다가갈 수 있었습니다.

공부 일지를 쓸 때 유념할 점

공부 일지를 쓸 때 중요한 게 있습니다. 바로 일지를 작성하는 때를 놓치지 않는 거예요. 공부 일지는 공부를 마치자마자 쓰는 게 가장 효율적이에요. 학교 수업 시간에 배운 내용을 최대한 빨리 내 것으로 만드는 게 중요하기 때문이지요.

방금 배운 내용을 1시간 이내에 복습하는 것과 하루가 지나 복습하는 것, 일주일 뒤에 복습하는 것에는 엄청난 차이가 있어요. 바로 복습하면 90% 이상을 내 것으로 만들 수 있지만, 시간이 흐를수록 효과가 뚝뚝 떨어집니다. 빨리 복습할수록 기억력 향상에 좋아요.

만약에 바로 공부 일지를 작성할 환경이 안 된다면, 늦어도 그날 밤에는 써야 합니다. 그리고 공부 일지를 쓰는 목적 가운데 하나는 복습을 통해 자신을 관리하는 데에 있으므로, 공부한 내용을 머릿속에 떠올리는 과정을 꾸준히 해야 합니다.

물론, 공부 일지 쓰기가 부담으로 느껴질 수 있어요. 저도 공부할 시간에 공부 일지를 쓰고 있으니, 과연 효율적인 작업이 맞는지 의심되었죠.

하지만 공부 일지 쓰기가 부담인 이유는 너무 많은 시간을 투자했기 때문이라는 결론을 내렸어요. 그래서 공부 일지 쓰기를 하루 10분으로 제한했습니다. 일지를 쓰는데 10분이면 충분해요. 만약 그 이상의 시간을 투자했다면, 꾸준히 하지 못했을 거예요. 공부보다 공부 일지에 더 신경 쓴다면 주객전도가 될 수도 있고요.

공부 일지를 쓰면서 공부를 대하는 태도가 달라졌습니다. 전에는 계획에 의존해 막연히 공부했다면, 공부 일지를 쓰면서부터는 쓸 내용을 생각하며 공부하게 되었죠.

암기와 이해를 위해 공부하는 게 아니라, '오늘 배운 내용 가운데 인상 깊은 것을 적어야 하는데 뭘 적을까? 뭐가 재미있었고, 신선했지?'라는 질문에 초점을 두고 공부할 수 있었어요. 지금 배우고 공부하는 것을 새로운 관점으로 바라보게 된 거예요. 그러다보니 자연스럽게 성적도 오르기 시작했습니다.

그냥 암기하는 수동적인 공부가 아니라, 스스로 생각하는 능동적인 공부를 하게 된 거죠. 그리고 무엇보다 공부를 진짜로 즐기게 되었어요.

04

공부의 본질을 잊지 마라: 나의 공부 사명문

학생이라면 피할 수 없는 게 시험입니다. 초등학교에 입학하면서부터 시험이라는 단어가 붙어 다니고, 각자의 노력과 실력은 점수가 되어 되돌아오죠. 특히 수능시험은 우리나라뿐 아니라 미국에서도 피할 수 없는 관문이에요. 저도 초등학교에 입학하면서부터 작게는 쪽지 시험부터 중간고사, 기말고사를 비롯해 미국에 와서는 과목별 시험, 내신 등 여느 학생과 마찬가지로 많은 시험을 치러야 했어요.

"시험이 벌써 다음 주라니!" 과목마다 1년에 한 번씩 치르는 AP 시험을 일주일 정도 앞두었을 때였어요. AP 수업은 고등학교에서 대학 수준의 교양 수업을 미리 듣고, 학점을 이수할 수 있는 커리큘럼으로, '미국 대학의 학점 사전 이수제'라고 할 수 있어요. 대학에 입학해 더 깊이 학문을 연구할 수 있도록 미리 준비시키는 과정이라 볼 수 있습니다.

고등학교에서 AP 수업을 듣는 학생이라면 누구든 매년 5월에 전국적으로 실시하는 AP 시험을 볼 수 있죠. 시험은 5점 만점으로, 보통 3점 이상의 점수가 나오면 대학에서 학점을 인정받을 수 있어요. 대학에 지원할 때도 AP 점수를 제출하기 때문에 중요한 시험 중 하나죠. 이 시험이 저에게도 다가왔습니다.

시험을 일주일 앞두자, 시간이 왜 이렇게 빨리 가는 걸까요? 언제나 그렇듯 시험이 다가올수록 공부를 더 많이 해야 한다는 압박감이 밀려왔습니다. 게다가 AP 시험은 전국 시험이라 더 잘 봐야 한다는 생각이 컸어요. 조급해지고 불안해졌습니다.

'아, 이러면 안 되겠어. 이대로 가다가는 오히려 시험을 위한 공부만 하고, 결과도 안 좋을 것 같아.'라는 불길한 예감이 들었습니다. 무언가 조치를 취해야만 했어요. 그래서 생각해낸 것이 바로 '공부 사명문'이었죠.

저는 공부하면서 지켜야 할 것과 잊지 말아야 할 것을 목록으로 만들었어요. 그리고 공부 시작 전, 이 사명문을 보며 시험에 대한 마음가짐을 바꾸려 노력했어요. 나태해질 때, 마음을 다잡아야 할 때, 공부 계획을 세울 때마다 수시로 이 사명문을 보며 공부에 대한 초심을 잃지 않으려 노력했습니다. 다음은 제가 수없이 봐왔던 '공부 사명문'이에요.

나의 공부 사명문

1. 대학 진학과 시험만을 위해 공부하지 말자

대학 진학과 시험이 외적인 동기는 될 수 있지만, 전부는 아니다. 지식과 내공을 쌓으며 더 나은 나로 발전하는 데에 목적을 두고 공부하자. 공부 자체를 즐기고 최선을 다하자. 결과는 그에 따르는 보너스이다. 시험은 내가 공부를 얼마나 열심히 했고, 무엇을 더 해야 할지 알려주는 척도일 뿐이다. 시험은 수단이고, 공부가 목적이라는 걸 절대 잊지 말자.

2. 최선을 다했다면 결과를 받아들이자

'어떤 결과가 나오든 최선이었다.'라는 생각이 들 정도로 공부하자. 그러면 결과에 후회가 없다. 공부하는 과정에서 완벽을 추구하자. 그 과정을 즐기고 감동하자. 끝까지 최선을 다하고, 결과에 집착하지 않는 게 중요하다. 공부하는 과정을 충분히 즐겼다면, 시험 점수가 낮아도 행복할 것이다.

3. 공부의 재미를 알고 흠뻑 빠지자

성공은 결과의 성취가 아니라, 과정을 즐기는 데에 있다. 공부를 재미있는 놀이라 생각하자. '며칠만 꾹 참고 공부해야지.'가 아니라, '이 며칠이 공부에 몰입할 수 있는 기회구나.'라고 생각하자. 나는 재미를 발견했을 때, 비로소 진정한 공부를 할 수 있는 사람이다. 끊임없이 기록하며 재미를 찾고 즐기자. 아무리 엄격한 시험이일지라도, 나는 할 수 있다.

4. 쓸모없는 공부는 없다

아무리 공부해도 결과가 나쁠 때가 있다. 그러나 실망하거나 속상해 하지 말자. 내가 외운 한 단어가, 내가 풀었던 한 문제가 결국 실력이 될 것이다. 성취한 게 없어 막막하고 불안하다면, 노력한 것만큼은 사라지지 않는다는 걸 명심하자. 모든 배움은 쓸모가 있다. 언제, 어디에서, 어떻게 사용할 수 있을지는 아무도 모른다. 내 노력은 피가 되고 살이 될 것이다. 미래에 대해 불안해 하고, 걱정하는 것만큼 시간 낭비인 것은 없다.

5. 남과 비교하지 않고, 나만의 속도로 완주하자

세상에 잘나고 똑똑한 사람과 나를 비교하는 것만큼 어리석은 게 없다. 타인과 비교하자면 끝이 없기 때문이다.

묵묵히 나만의 계획을 세워, 나만의 방법으로 공부하자. 주변의 이야기에 흔들려 나를 잃지 말자. 타인을 따라가거나, 똑같아지려고 하지 말자. 나의 길을 개척해 앞으로 나아가는 것이 중요하다. 인생은 나의 것이다.

6. 나를 믿자

나 자신을 믿는 것이 가장 중요하다. 나는 세상에 하나뿐인 존재이고, 무수한 힘과 능력이 있다. 나는 내가 생각하는 것보다 더 나은 사람이다. 오늘 해야 할 일을 다 하지 못해도, 시험의 결과가 좋지 않아도 자신감을 잃지 말자. 나는 더 큰 일을 할 수 있는 사람이므로, 흔들리지 말자.

7. 공부할 수 있음에 감사하자

이렇게 마음껏 공부할 수 있는 환경에 감사하자. 공부하겠다는 의지만 있으면 얼마든지 할 수 있는 건강한 몸과 마음이 있어 감사하다. 노트에 필기할 수 있는 손이 있고, 책을 볼 수 있는 눈이 있고, 수업을 들을 수 있는 귀가 있어 감사하다. 꿈과 목표만을 생각하느라 지금 소중한 것들을 놓치지 말자. 이렇게 공부에 흠뻑 빠질 수 있는 시기는 지금뿐이다.

저는 이 공부 사명문을 노트 앞머리에 붙이고 매일 읽었어요. 제가 생각하는 공부의 본질과 자기 확신으로 가득한 문구를 주문처럼 읽으니, 확실히 공부에 대한 자세가 좋아졌어요. 마음이 진정되었고, 시험공부에 더욱 몰입할 수 있었죠.

저는 결과보다 과정이 더 중요하다고 생각해요. 그리고 신기하게도 과정에 집중하면 자연스럽게 원하는 결과를 얻게 되었으며, 시험보다 과목 자체에 집중할수록 공부의 매력에 빠져들었어요.

자신의 실력을 증명할 수 있는 시험 성적도 중요하지만, 궁극적으로 공부는 다른 누구를 위한 게 아니에요. 공부는 나

자신을 위해 하는 거죠. 조금 더 나은 내가 되기 위해 공부하는 거라 말하고 싶어요. 의무적으로 하는 공부가 아니라, 내가 원해서, 주도적으로 하는 공부가 중요합니다.

05

독서는 공부의 원동력이다

“책? 요즘 너무 바빠서 못 읽어. 책 읽을 시간이 없어.” 책을 얼마나 읽는지 물어보면 많은 사람이 이렇게 답하고는 합니다. 보통 어린 시절부터 독서의 중요성을 강조하고, 학교에 들어가면 독후감 과제는 필수죠. 그러나 중고등학교에 진학하면 책을 읽을 시간이 현저히 줄어드는 게 현실입니다.

그럼에도 불구하고, 하루라도 책을 읽지 않으면 불안해 하는 사람, 하루 한 권은 기본일 정도로 책을 사랑하는 사람도 있지요. 저도 그런 사람을 볼 때마다 ‘어떻게 저렇게 책을 많이 읽을 수 있을까?’ 궁금했어요.

저도 남들과 마찬가지로 방과 후에는 친구들과 놀거나 숙제를 하는 평범한 초등학교 시절을 보냈어요. 그리고 저녁이 되면 딱히 할 게 없어 자연스럽게 책장에 꽂힌 책에 손이 갔지요. 책을 읽으면 마치 다른 세계를 여행하는 듯한 기분이 참 좋았습니다. 그렇게 저는 초등학교 5학년 때부터 본격적으로 독서의 매력에 흠뻑 빠졌어요.

하지만 그것도 잠시였답니다. 중고등학교에 올라오면서 시간적 여유가 없어지고, 학업에 대한 부담이 생기면서 남들처럼 책과는 멀어졌어요. 학교 수업을 마치고, 숙제와 공부를 하면 금세 해가 저물어버렸죠. 특히 고등학교에 진학하니, 학업뿐 아니라 신경 써야 할 게 많아 책 읽기는 더욱 힘들어졌습니다.

그러던 어느 날, 문득 이런 생각이 들었어요. '아, 이렇게 하다가는 평생 책 한 권 못 읽겠다. 바쁘다고 책을 안 읽을 수는 없어. 좋은 방법이 없을까?' 그때 틈틈이 자투리 시간을 활용해 책 한 권을 다 읽어보자는 아이디어가 떠올랐어요. 자투리 시간 독서법이라고 할까요? 자투리 시간을 학교 공부에만 쓰지 말고, 책 읽기에도 투자해보는 거예요. 그래서 일어나서 학교 가기 전, 집에서 식사 후 쉬는 시간, 자기 전 공부 외 시간이라는 자투리 시간에서 또 다른 자투리 시간을 만들었어요. 몇 주를 시도해보았죠.

결과는 만족스러웠어요. 자연스럽게 독서 습관이 잡혔거든요. SAT와 대학 지원 시기를 앞둔 바쁜 기간에도 저는 책 읽는 시간을 포기하지 않았습니다. 오히려 틈틈이 책을 읽으니 공부에 동기 부여가 되었어요. 그렇게 매주 두세 권씩을 읽었습니다. 구체적으로는, 아침에 일어나 30분, 점심과 저녁 식사 후 각각 30분, 잠자기 전 30분씩 읽었어요. 이렇게 시간을 내서 읽으니 평균적으로 하루 1시간 정도 읽을 수 있었어요. 일주일이면 7시간 이상이죠. 자투리 시간만 활용해도 책을 7시간이나 읽을 수 있다는 사실에 저도 놀랐어요.

책은 내면을 들여다보는 창

고등학생이 되고 한창 학교 공부에 매진할 시기에도 책을 놓지 않은 이유는 바로 독서를 통해 인생을 공부할 수 있기 때문이에요. 책을 읽으며 '내가 왜 공부하지? 왜 대학에 가지?'와 같은 공부의 본질에 대해 질문하고, 깊이 생각할 수 있었어요. 그리고 무작정 앞만 보고 달리면, 주위를 둘러보거나 잠시 숨 돌리는 걸 잊기 쉬운데 책을 읽으면 잠시 멈출 수 있었죠. 같은 것을 보아도 더 깊이 생각할 수 있었어요.

《책은 도끼다》는 제가 정말 좋아하는 책이에요. 저자 박웅현이 지금껏 읽어 온 책 속 구절을 소개하며, 독서의 매력을 이야기하지요. '책 들여다보기'라는 주제로 이루어진 저자의 인문학 강독회를 엮은 책이기도 해요. 다음은 《책은 도끼다》의 '저자의 말'이에요.

> 내가 읽은 책들은 나의 도끼였다. 나의 얼어붙은 감성을 깨뜨리고 잠자던 세포를 깨우는 도끼. 도끼 자국들은 내 머릿속에 선명한 흔적을 남겼다.

저에게도 책은 도끼 같은 존재였고, 틈틈이 읽어온 책은 제 인생을 풍요롭게 해주었어요. 이전까지는 몰랐던 멋진 세계를 알려주었으니까요.

책을 읽으며 어떻게 1등을 할지를 고민하기보다 '어떻게 하면 나답게 살 수 있을까?'를 고민할 수 있었어요. 결국에는 나답게 살아가는 게 성공한 삶인 것 같아요. 성적이나, 나에 대한 남들의 평가가 아닌, 내면에서 우러나오는 힘을 믿고, 여기에 있는 그 자체로 충분하다 느끼면서 말이에요.

성공한 삶, 행복한 삶에 대한 정의를 내릴 수 있었던 건 김정운 교수의《에디톨로지》속 구절 덕분이에요.

> 사회적 경력, 학력을 제외하고 자신을 설명할 수 있는 사람은 참 행복한 사람이다. 학력, 경력 없이도 자신의 정체를 확인할 수 있다는 것은 상당히 깊은 자기성찰이 있었다는 이야기이며, 명함을 내보이지 않고 자신을 얼마나 자세하게 그리고 흥미롭게 서술할 수 있는가가 진정한 성공의 기준이다.

이렇게 책 속 다양한 구절을 만나며 저는 내면을 들여다보기 위해 노력했어요. 그리고 저만의 목록을 만들었어요. 내가 좋아하는 것, 감사한 것, 관심사, 추억, 나를 행복하게 하는 것, 좋아하는 장소 등을 말이죠. 오로지 저만이 작성할 수 있는 목록을 만들며 저를 알기 위해 노력했어요.

저는 책을 읽다가 인상 깊은 구절을 발견하면 바로 펜으로 줄을 치고, 문장을 노트에 꾹꾹 옮겨 담았어요. 쓰면서 내용을 곱씹는 그 순간이 참 좋았어요. 공부가 되지 않거나, 불안하고 막막할 때마다 책으로 위로를 받고, 힘을 내고, 용기를 얻었습니다. 저만의 안식처인 셈이죠.

저는 책을 통해 미래를 설계하고, 상상하는 법을 배웠어요. 그리고 아름다운 문장을 만나면 삶의 이면을 만난 듯 감동했지요. 또, 역사나 사회 분야의 책을 읽으면 세상을 바라보는 안목과 시각이 넓어졌어요. 자서전이나 평전을 읽으며 훌륭한 사람의 인생에 한 발짝 들어가볼 수 있었고, 그들의 인생을 통해 어떻게 살지를 배웠죠.

세상에는 다양한 시각이 존재하는데, 저는 이러한 시각을 통해 세상을 균형 있게 바라보려 노력하는 것이 배움이 본질이라고 생각해요. 그리고 책은 이러한 배움의 본질을 발견하게 하죠. 또한, 인생에서 가치 있는 것을 알게 하고, 세상에 대한 통찰력을 선물해요.

즉, 독서는 모든 공부의 기초이며, 나답게 살 수 있게 하는 원동력이자, 모든 것을 가능하게 하는 도구예요. 결국에는, 타인의 생각과 경험을 거울로 삼아, 저의 내면을 볼 수 있게 하는 창인 셈입니다. 제가 책 읽기를 멈추지 않는 이유예요.

A

PART
3

즐거운 학교생활을 위한 방법

01

얼굴에 철판을 깔다

미국에 와서 수없이 되뇌인 말이 있습니다. 바로 '얼굴에 철판을 깔자.'예요. 친구에게 먼저 다가가 인사할 때, 수업 시간에 발표할 때, 의견을 말하고 싶을 때마다 이 말을 되새겼지요.

사실 그간 타인의 시선을 의식하느라 주저한 적이 많았어요. 노트에 적으며 그 이유에 대해 생각했죠. 그리고 해답을 찾았어요.

'타인이 나를 어떻게 생각하는지는 중요치 않다. 타인의 생각을 내가 통제할 수도 없다. 꿈을 향해 묵묵히 걸어나가는 게 중요하다. 그러다보면 나와 잘 맞는 사람이나, 나를 응원하는 사람을 만날 것이다. 내 인생의 주인공은 나다.'라고 말이에요.

처음 미국에 왔을 때는 아무래도 영어를 쓸 때마다 다른 사람들의 시선이 신경 쓰였어요. '내 발음이 이상한가? 나를 어떻게 볼까? 실수하면 어쩌지?'라는 생각이 계속 따라다녔죠. 하지만 학교에 다니고, 공부의 본질에 대해 생각하니 이러한 고민이 조금씩 수그러들었어요.

학교란 배우고 성장하는 곳이지요. 제 영어 발음에 신경 쓰기보다 '어떻게 하면 하나라도 더 배울 수 있을까?'에 집중하는 게 맞았어요. 제가 여기에 온 목적은 남에게 평가받기 위해서가 아니라, 배우기 위해서니까요. 이러한 마음을 노트에 적으며 마음을 다잡았어요. 그랬더니 자연스럽게 얼굴에 철판을 깔 수 있게 되었어요. 타인의 시선에서 자유로워진 거죠.

친구들을 사귈 때도 도움이 되었어요. 우리나라의 학교는 매년 반이 정해져 있어 친구를 사귀기가 수월해요. 하지만 미국의 고등학교는 우리나라의 대학교처럼 신청한 수업에 맞춰 교실을 이동해야 했어요. 한 학기에 여섯 과목을 듣는다면, 각각의 교실로 이동하며 수업을 들어야 했고, 수업마다 새로운 친구들을 사귀어야 했지요. 학교에 아는 사람이 한 명도 없는 저로서는 쉽지 않은 일이었어요. 그래서 친구를 사귀기 위한 저만의 방법을 고안했답니다.

공식 질문법

새로운 사람을 만날 때 쓰는 저만의 '공식 질문'이 있어요. 이 방법도 얼굴에 철판을 깔아야 하기 때문에 순간의 부끄러움을 잊고 먼저 질문해야 했어요. 아는 사람이 아무도 없는 미국에서 '좋아, 한 번만 적극적으로 다가가보자!' 하고 마음먹지 않으면 누구도 사귈 수 없어요. 저는 되도록 사람들에게 먼저 다가갔습니다.

저는 일부러 말을 걸기 위해 모르는 걸 물어보거나, 이미 알고 있는 것도 다시 한번 물어보았어요. 이렇게 상대와 말이 트이면, 제가 만든 공식 질문을 던졌지요.

"왜 이 수업을 신청하게 되었어?", "아 그래? 그럼 어떤 과목을 들어?", "나도 그 수업 듣는데! 수업 어떤 것 같아?", "방과

후에는 뭐 해?", "어제는 몇 시에 잤어?", "오늘 혹시 과제나 퀴즈가 있니?"와 같은 질문이었어요. 대부분 친절하게 답변해주더라고요. 저도 처음에는 이 방법이 통할지 의문이었는데, 기우일 뿐이었어요. 한 마디 질문에도 돌아오는 답변은 열 마디 이상이었죠. 오히려 더 신나게 이야기하는 친구도 있었어요. 시간이 지날수록, 이 방법이 통한다는 걸 확실히 알 수 있었습니다.

이렇게 아는 사람이 한 명도 없는 곳에서 친구를 사귀게 되었어요. 공식 질문을 던질 때마다 저는 리포터가 되고, 친구들은 제 질문에 성실히 답변하는 인터뷰어가 된 것 같았죠. 단 몇 마디의 질문으로 급속도로 친해지는 경우도 있었어요. 이후로 저는 만나는 사람마다 이 '공식 질문'을 던졌고, 다양한 답변과 반응을 보았어요. 무척 흥미로웠습니다.

그리고 영어로 어떻게 답변하는지에 대해서도 배울 수 있었어요. 가끔 "응, 아니."라고 단답형으로 대답하는 친구도 있었고, 반대로 저에게도 같은 질문을 하는 친구도 있었답니다. 그리고 누구든 자신에게 관심 가져주고, 궁금해 하고, 친절하게 대하면 친해질 수 있다는 걸 알았어요. 국적과 성별로 나뉘지 않는, 모두 똑같은 사람이었던 거죠.

몇 번의 시도 끝에 저는 상대에게 말을 걸고 다가가는 것에 주눅 들거나 겁먹지 않게 되었어요. 그리고 나를 받아주지 않거나, 무시한다고 해도 어쩔 수 없다고 생각했어요.

첫 인사는 어디에서나 중요해요. 반갑게 인사하고 말을 거는 것만으로도 관계를 넓힐 수 있어요. 어쩌다 타이밍을 놓치면 그 이후로는 말 꺼내기가 쉽지 않고, 친해질 기회를 잡기 어려워요. 그래서 저는 되도록 처음 만났을 때를 놓치지 않고 먼저 인사했습니다. 아는 사람이 단 한 명도 없는 미국에서 말이에요!

저는 지금도 사람들 앞에서 주눅이 들 때면 얼굴에 철판을 깔자고 다짐해요. 그러면 신기하게도 자신감이 솟지요. 남의 눈치를 보지 않는 게 중요해요. 여러분도 지금부터 생각만 하지 말고, 저처럼 얼굴에 철판을 깔고 행동해보길 바랍니다. 생각지도 못한 많은 것을 얻을 거예요.

02

한계는 내가 만든다

많은 사람이 공부를 마라톤에 비유합니다. 시험을 준비해 본 경험이 있다면 확실히 와닿는 말이죠. 마라톤을 완주하기 위해서 강인한 체력이 필요하듯이, 공부를 끝까지 마치기 위해서도 체력이 필요합니다.

미국에서는 학생들에게 기초 체력을 강조합니다. 공부 때문만이 아니라, 운동을 평생의 습관으로 만들기 위해서죠. 그래서 미국에서는 체육 수업을 매우 중요하게 생각하고, 학생들도 매시간 열심히 운동하며 체력을 기릅니다.

학교에서는 매주 월요일, 체육 시간마다 달리기 시험을 봤어요. 필수 과목이어서 모든 학생이 치러야 하는 시험이었죠. 2~3km 가량을 얼마 만에 완주하는지가 관건이었어요. 완주 시간에 따라 매 학기 상중하로 성적이 나왔거든요. 예를 들어, 정해진 거리를 8분 이내로 들어오면 A, 9분 이내로 들어오면 B로 성적이 매겨졌지요. 물론 출석 여부와 태도 등도 체크했지만, 매주 보는 달리기 시험이 가장 중요했어요.

저는 체육 수업에서도 A를 받고 싶었어요. 하지만 현실은 냉정했습니다. 아무리 열심히 뛰어도 몇 달째 8분 안에 들어오지 못했어요. 정말 온 힘을 다해 뛰어도 8분의 벽은 허물어지지 않았어요. 이러다가는 영영 A를 받을 수 없을 것 같았죠. 체육 수업은 저에게 큰 짐이 되어버렸습니다. B나 C가 나올지 모른다는 생각에 정신이 번쩍 들었어요. 어떻게 해서든 시간을 단축할 방법을 찾아야 했어요.

나의 한계에 도전하다

저는 매일 저녁 1시간씩 집 앞에 있는 헬스장에서 운동을 시작했어요. '이렇게 늦게 시작해도 될까? 이제 와서 달라질 수 있을까?'라는 생각이 들며 기운이 빠지려는 순간마다 '아니야, 끝까지 해보자.'라며 마음을 다잡았어요. 얼마나 도움이 될지 모르겠지만, 일단 해보면 좋은 결과로 이어지리라 믿었죠. '나는 한다면 한다. 할 수 있다.'라고 되뇌었습니다.

그렇게 몇 주간 매일 헬스장에서 1시간씩 달렸어요. 너무 힘들 때는 단어장을 외우며 걷기도 했지만, 거의 매일 실제 달리기 시험을 본다고 생각하고 거리를 측정해 내달렸어요. 어떻게든 시간을 단축하고 싶은 마음뿐이었죠.

몇 주가 지났을까요. 저의 노력은 헛되지 않았습니다. 결국 마지막 시험에서는 무사히 8분 안에 들어왔고, 성적도 훌쩍 올랐습니다. '아, 역시 노력은 배신하지 않는구나!' 제 노력이 통했다는 사실에 놀라고 감격했습니다.

그리고 더 놀라운 일이 벌어졌어요. 연말이 되면 학교에서 과목마다 우수한 학생을 선발해 상을 주는데, 제가 체육 과목에서 우수상을 받게 된 거예요. 늘 뒤에서 헐레벌떡 뛰어오던 아이가 어느 순간 1등으로 들어오니 정말 놀랐을 거예요. 저도 우수상까지 받게 될 줄은 몰랐답니다.

얼마 후, 또 한 번 저의 한계에 도전해보기로 했습니다. 이날은 아무리 공부에 집중하려 해도 되지 않는 날이었어요. 그래서 인터넷으로 공부법에 대해 검색했고, 한 사이트에서 〈18시간 공부법〉이라는 칼럼을 읽게 되었어요.

단 하루만이라도 18시간을 공부해보면, 공부 습관과 마음가짐이 달라질 거라는 내용이었죠. 그 글을 읽고 제 한계를 시험해보고 싶어졌어요. 여태까지 아무리 공부한다고 해도 18시간 근처에도 가지 못했어요. 당연하죠. 18시간 공부란 잠자는 시간, 밥 먹는 시간 정도의 6시간을 빼고 나머지 시간을 내내 공부해야 한다는 소리니까요. 하지만 저는 한번 해보고 싶었어요. '그래, 더도 덜도 말고 딱 하루만 해보자.' 다짐하고 토요일로 날을 잡았습니다.

우선 몇 시에 일어날지 계산하고, 무엇을 공부할지 계획을 짰어요. 일단 새벽 4시에 일어나면 가능할 것 같았어요. 시작 전날은, 조금 일찍 잠자리에 누워 침대에서 이미지 트레이닝을 했어요. 미리 내일 저의 모습을 상상해보는 거예요. 새벽 4시에 일어나 바로 책상에 앉아 책을 펴고 공부를 시작해, 식사 시간을 제외하고 18시간을 공부하는 모습을 말이에요. 덧붙여 성공 후 스스로 대견해 하는 모습까지 넣었지요.

그런 다음, 저는 정말로 새벽 4시에 일어나 공부를 시작했어요. 밥 먹는 시간과 화장실 가는 시간까지 아껴가며 얼마나 열심히 했는지 모르겠어요. 물론, 집중이 안되는 순간도 있었어요. 종일 방에 틀어박혀 책상에만 앉아 있기 때문인 것 같아서 책을 들고 방과 거실을 돌아다니기도 하고, 앉았다 섰다를 반복했죠. 그렇게 하루를 보내며 결국 18시간 연속 공부를 성공적으로 끝냈습니다. 단 하루뿐이었지만, 말할 수 없는 희열이 느껴졌고 한계를 초월한 것 같아 기뻤습니다.

'나는 할 수 있다.'라는 문장이 가진 힘을 믿어요. 매우 강력한 힘을 가진 문장이지요. 그리고 실천한다면 생각한 만큼 결과가 나오리라는 것도 믿지요.

저는 새로운 도전을 할 때마다 저를 과소평가하지 않으려 해요. 한계란 결국 남이 아닌, 저 자신이 만드는 것이니까요. 오늘도 이 말을 되새겨봅니다. "내 한계는 내가 만든다."

03

그래, 한번 해보는 거야

고등학교에 입학해 제일 먼저 관심을 두고 참여한 것은 동아리 활동이었어요. 제가 다니는 학교에는 동아리가 무척 많았어요. 어림잡아 몇백 개는 되었을 거예요. 수학과 과학 같은 학구적인 동아리 외에 요가, 게임, K-POP 동아리 등 무척 다양했어요. 학생들도 동아리 선택에 고민할 정도이지요.

하지만 저는 미국에 온 지 얼마 안 되어서 동아리에 대한 정보가 없었어요. 친구도 없을 때니까요. 저는 다시 저만의 방법으로 동아리를 알아보기로 했어요. 우선 안내 데스크에 가서 동아리 목록을 받아온 다음, 목록을 하나하나 살펴보며 저에게 맞는 동아리를 추렸어요. 눈에 띄는 동아리가 있으면 직접 찾아가거나 동아리 담당 선생님을 만났어요. 이러한 과정을 몇 주간 거친 뒤 드디어 원하는 동아리에 가입했지요.

한동안 몇몇 동아리에 가입해 꾸준히 활동했어요. 그러다가 10학년이 되어서는 직접 동아리를 만들고 싶어졌어요. 어떤 동아리를, 어떻게 만들까 고민하다가 사진 동아리를 생각해냈어요. 평소 사진에 관심이 많지는 않았지만, 우연히 책을 읽다가 영감이 떠올랐죠. 고등학교 시절을 소중한 추억으로 남기고 싶었고, 사진을 찍다보면 하루하루를 소중히 여길 수 있을 것 같았어요.

'그래, 한번 해보자!' 다짐하고 도전을 시작했습니다.

사진 동아리를 만들다

동아리 창립에 대한 정보를 얻기 위해 학생회를 찾았어요. 생각보다 절차는 까다롭지 않았죠. 동아리를 담당해주실 선생님을 구하고, 창단 시 회원이 되어줄 친구 몇 명의 사인과 간단한 서류를 제출하면 끝이었어요. 미국에서의 첫 도전에 설레고 흥분되었어요.

하지만 과정은 녹록지 않았습니다. 동아리를 만드는 시기가 문제였어요. 동아리는 홍보와 회원 모집이 관건이지요. 하지만 이미 2학기에 접어들어 홍보할 시기를 놓친 거예요. 만드는 건 문제가 아닌데, 회원을 모집할 수 없을까봐 조바심이 났어요. 이미 다른 동아리들은 1학기에 시작해 활동 중이었거든요. '과연 신생 동아리에 들려고 할까?' 걱정은 되었지만, 그래도 일단 해보기로 했습니다.

'사진 동아리 회원 모집!'이라는 제목으로 밤새 60장의 포스터를 만들었어요. 그리고 학교에 허락을 받은 뒤, 건물의 외벽, 복도와 바닥에 붙였지요. 제 사정을 알고 사진에 관심 있던 친구가 도와주었는데, 고마워서 눈물이 날 지경이었어요. 막상 붙이려니 막막했거든요.

우리는 3시간 정도를 돌아다니며 학교 곳곳에 포스터를 붙였어요. 그러면서도 과연 아이들이 동아리에 관심을 가져줄지 의문이었습니다.

다음 날이었어요. "학교에 사진 동아리 포스터밖에 안 보여. 도대체 무슨 동아리기에 이렇게 요란해?" 우연히 화장실에서 아이들이 수군거리는 소리를 들었어요. 잠시 당황해 얼굴이 빨개졌어요. 아이들이 제가 포스터를 붙인 당사자라는 걸 몰라서 다행이었지요. 나중에 알고 보니, 지금까지 학교 동아리 홍보를 위해 이렇게 포스터를 가득 메운 사람은 없다고 하더라고요. 화장실 벽과 세면대 옆에도 붙어 있을 정도였으니 말이에요. 하지만 결과는 성공적이었습니다. 회원이 50명 넘게 모집되었거든요. 처음치고는 괜찮은 수였어요.

'그래, 한번 해보는 거야.'라는 마음으로 시작한 저의 첫 도전은 이렇게 실행되었고, '일상 속 예술', '색', '자연'과 같은 주제로 전시회를 여는 등 잊지 못할 소중한 추억을 만들었어요. 정신적으로, 육체적으로 고생은 했지만, 두고두고 잊지 못할 경험이었답니다.

저는 사실 사람들 앞에 나서거나 이끄는 성격이 아니었어요. 앞에서도 말했지만, 초등학교 시절 뒤에서 조용히 듣기만 하는 아이가 저였으니까요. 하지만 중고등학교 시절에는 하고 싶은 일에 도전하면서, 저도 몰랐던 저의 새로운 모습을 하나

하나 발견한 것 같아요.

중학교에 다닐 때 저는 한 아이돌의 팬이었어요. 그래서 콘서트에도 가고, 앨범도 사고, 음악 방송에도 쫓아다녔지요. 그때부터 조금씩 적극적으로 변한 것 같아요. 콘서트에 가서 목이 터질 듯 노래를 따라 부르고 응원하며, '내게 이런 모습도 있었구나.' 싶더라고요. 그 이후에는 갑자기 치어리딩을 배우고 싶어졌어요. 그래서 응원단에 들어가 대회도 준비하고 무대에도 서는 등 다양한 도전을 이어나갔어요.

고등학생이 되어 감사일기를 쓰면서부터는 내적으로 성숙하는 데에 힘쓴 것 같아요. 무슨 일에도 휘둘리지 않고, 저를 믿게 되었지요. 그러면서 제 안에 숨어 있던 다양한 모습을 만나는 데에 주저하지 않게 되었어요.

저도 처음에는 사람들 앞에 서는 게 떨리고, 부담이었지만, 갈수록 익숙해졌지요. 자전거도 처음 탈 때는 불안하고 중심 잡기가 힘들지만, 몇 번 타다보면 익숙해지듯이 말이에요.

04

바쁠수록 시간이 많아지는 비법

사람에게 주어진 시간은 모두가 똑같습니다. 시간은 누구에게나 공평하죠. 하지만 누구는 시간이 많고 누구는 시간이 없다고 합니다. 같은 시간이라도 누군가는 이 시간을 좋아하는 것에 몰입해 5시간을 5분처럼 쓰기도 해요. 공부하는 학생이라면 말할 것도 없이 시간 관리가 중요하며, 특히, 시험을 앞둔 수험생이라면 더욱 그렇습니다.

저도 늘 '시간이 없어.'라는 생각을 하며 살았어요. 특히 10학년에 올라가자 시간 관리에 강박감을 느끼기도 했습니다. 대학교 수준의 AP 수업과 상급반인 어너 수업을 5과목이나 듣고 있어 수업이 어려워졌거든요. 고등학교라고 해도 대학교처럼 직접 과목을 선택해 수강하고, 같은 과목도 수준별로 레벨을 나누기 때문에 저는 조금 더 집중해 과목을 선택해야 했어요. 물론, 학교마다 차이는 있지만, 대부분은 일반 수업인 레귤러 수업, 상급반인 어너 수업, 그리고 대학 수준의 AP 수업으로 난이도가 나뉩니다. 특히, AP 수업은 고등학생 신분으로 미리 대학에서 인정하는 학점을 취득할 수 있어 신경 써야 했어요.

미국에 온 첫 학기에는 무리해서 어려운 과목을 듣지는 않았어요. 학교생활에 적응하고, 실력을 키우는 게 우선이었거든요. 그래서 모든 과목을 레귤러 수업으로 신청했어요. 그리고 10학년부터는 본격적으로 공부하기 위해, AP 수업 3과목, 어너 수업 2과목을 신청했어요. 그만큼 매주 시험을 치르고, 많은 양의 읽기와 쓰기를 해내야 했답니다.

그렇다고 과외 활동을 포기할 수는 없었어요. 10학년부터는 키 클럽(Key Club)이라는 봉사 동아리 활동도 병행하고 있었죠. 사실 엄청난 양의 공부와 동아리 활동을 한다는 건, 저에게 시간이 부족하다는 걸 의미했어요.

자투리 시간을 관리하다

제가 시간 관리의 중요성을 확실히 깨달은 건 키 클럽 봉사 동아리 활동을 시작하고부터예요. 키 클럽은 학교에서 가장 규모가 큰 동아리인데, 저는 10학년부터 동아리를 이끄는 임원이 되었어요. 정말 시간과의 싸움이었습니다. 매주 모임을 진행하고, 행사를 기획하고, 회원을 관리해야 했어요. 게다가 오케스트라, 도서관 봉사 등의 활동도 틈틈이 하고 있었고요.

이러한 동아리 활동이 시험 기간과 겹칠 때는 불안했어요. 학교 공부가 자꾸 뒷전으로 밀리는 것 같았거든요. 동아리와 과외 활동을 끝내고 저녁이 되어서야 과제와 공부를 하기 일쑤였습니다. 어떻게 해야 시간을 벌 수 있을까 고민하기 시작했어요.

동아리 활동이 늦게까지 있던 날이었어요. 파김치가 되어 집에 왔지만, 저는 잠을 잘 수 없었어요. 다음 날 제출해야 할 과제가 있었거든요. 시간에 쫓겨 과제를 하다가 문득 '이건 아니다.'라는 생각이 스쳤어요. 과제에만 신경 쓰느라 진짜 실력을 쌓고 배우는 공부는 정작 하지 못했기 때문이에요. 게다가 시험 때문에 무작정 암기만 하고 있더라고요. 이런 제가 싫었어요. 빨리 끝내는 데에 목표를 두는 건 제가 원하는 모습이 아니었죠. 제가 원하는 공부를 하려면 더 많은 시간이 필요하다고 생각했어요. 그날 이후 저는 본격적으로 철저히 시간을 관리하기 시작했습니다.

일단, 과제와 공부를 최우선으로 두었어요. 그다음 동아리와 과외 활동을 하고, 그 외의 일들은 자투리 시간을 활용했어요. 그리고 꼭 해야 할 일은 미리 끝내는 습관을 만들었어요.

예를 들어, 이번 주에 꼭 해야 할 일이 있으면 평소보다 30분 일찍 일어났어요. 그리고 일주일 단위로 계획을 세워 나중에 해도 될 숙제도 미리 끝내버렸죠. 수업 중간의 쉬는 시간이나 점심시간에는 그날 배운 내용을 바로 복습했어요. 될 수 있으면 과제도 시작했고요.

이렇게 하다 보니 집에서는 과제할 일이 없어졌어요. 방과후 동아리 모임 전에도 시간이 나면 공부와 과제를 할 정도였죠. 이렇게 하니, 오후 4~5시 정도면 그날 해야 할 공부를 끝낼 수 있었어요. 가벼운 마음으로 동아리 활동을 하고, 저녁식사 후에는 자유 시간도 생겼답니다. 티끌 모아 태산이라는 말이 절로 와닿았어요.

즉, 저에게는 자투리 시간을 쓰는 것이 시간을 늘리는 일이었습니다. 신기하게도 바쁠수록 시간이 많아졌지요. 어릴 때, 선생님이 해주신 말씀이 생각났어요. "매일 자투리 시간 10분씩을 무언가에 투자하면, 일주일만 해도 1시간이 된다."

계획하지 않은 10분, 15분의 시간이 생기면 무엇을 할까요? 미리 생각하지 않으면 예상치 못한 자유 시간을 허투루 보내게 됩니다. 저는 이런 시간에 무엇을 할지 목록을 적어보았어요. 이렇게 하니 할 수 있는 일도 많아졌죠. 남보다 더 많은 일을 하고, 원하는 일을 할 수 있는 시간은 바로 자투리 시간을 어떻게 쓰느냐에 달렸습니다.

'시간이 부족해.'라고 느껴진다면 시도해보세요. 숨어 있는 시간을 끄집어내면 많은 시간이 된답니다.

05

사소한 목표는 사소하지 않다

사람들은 좋은 결과를 위해, 또는 더 나은 미래를 위해 목표를 세우고, 실천할 것을 결심합니다. 그러나 그 결심은 오래 가지 않습니다. 작심삼일이라고 하지요. 왜일까요?

10학년 여름 방학에 저는 엄청난 목표를 세웠습니다. 매일 영어 단어를 100개씩 외우기로요!

매일 시간을 내서 많은 양을 암기하는 건 쉬운 일이 아니에요. 하지만 예전부터 영어 수준을 높이기 위해서는 영어 단어 숙지가 중요하다는 걸 알고 있었기 때문에, 방학을 기회로 생각하고 있었죠.

'영어 단어를 정복하자!'라는 생각으로 패기 있게 시작했어요. 하지만 결과는 참담했습니다. 일주일을 넘기지 못했어요. 목표가 압박감으로 다가왔기 때문이에요. 하루에 100개를 외우지 못하면, 그날은 목표를 이루지 못한 날이 되어버렸어요. 단어장을 볼 때마다 100개라는 수량만 생각이 났고, 정작 단어는 외워지지 않았죠. 단어를 하나하나 알아가는 즐거움조차 사라져 버렸어요.

작은 목표와 작은 실천

저는 목표를 바꾸었어요. 우선 욕심을 버리고, 하루에 10개씩 외우기로 했습니다. 부담 없이, 할 수 있는 만큼만 차근차근 실천해보기로 한 거죠.

100개를 10개로 줄이니 마음이 가벼워졌고, 다 외우면 기분이 좋았어요. 그리고 '목표를 이뤘다.'라는 성취감도 들었습니다. 그래서인지 신기하게도 10개를 외우고 난 다음에는 더 많은 단어를 외우고 싶어지고, 암기에 가속도가 붙기 시작했어요. 하루에 몇십 개를 외우는 날도 생겼어요. 이렇게 몇 주 동안 실천한 뒤, 목표를 20개, 30개 외우기 식으로 점차 늘려나갔어요. 그렇게 여름 방학을 보내고 나니 영어 실력이 많이 늘었어요. 무척 효율적인 방법이었죠.

실천하려면 목표가 작아야 한다는 걸 깨달았어요. 저는 다른 목표도 세워보았어요. 싫은 일을 3분 동안 해보는 거예요. 더도 덜도 말고 딱 3분만요. 그렇게 3분이 30분이 되는 모습을 상상했지요. 예를 들어, 예전이라면 달리기를 한번에 1시간씩 하려고 했을 거예요. 하지만 이제는 달리기를 10분만 해보자고 마음먹었어요. 생각대로 시작해보니 목표인 10분을 훌쩍 넘기게 되었습니다.

시작이 반이듯이 목표를 이루기 위해서는 일단 시작하는 것이 중요해요. 그리고 목표는 작을수록 강한 힘을 발휘하죠. 또 목표를 이루었을 때의 만족감은 '내가 또 해냈구나! 나는 할 수 있다.'라는 자신감을 심어줍니다.

목표를 크게 세웠다가 실패하면 자괴감이 들어요. 그래서 저는 이루고자 하는 모든 것을 객관화할 수 있는 시간과 수량으로 세분화했습니다. 시간 관리도 마찬가지였지요. 1시간 또는 30분 단위로 쪼개고, 이 시간 안에 해야 할 목표를 따로 정했답니다.

그리고 할 일을 언제, 어디에서, 어떻게 할지까지 예상해 목표를 세워나갔어요. 예를 들어, 수학을 공부할 때는 30분 안에 수학 문제 5개 풀기, 영어 단어를 외울 때는 30분 안에 단어 2개 외우기 식으로 말이에요. 그리고 정해진 시간에는 딴생각 말고 집중하자는 다짐도 함께했지요.

저는 '끝에서 시작하라'는 말을 좋아해요. 원하는 최종 목표나 꿈이 있다면 이루었을 때부터 상상하는 거죠. 즉, 다 이루었다고 생각한 다음, 과거로 거슬러 올라가는 거예요.

만약 목표가 한 달 남은 시험에서 만점을 받는 거라면, 이미 만점을 받았다고 상상해요. 그런 다음 어떻게 만점을 받았을지 유추해 행동을 설정하는 거죠. '내가 어떻게 만점을 받았지? 그래, 내가 선택한 문제집을 다 풀었으니 가능하겠구나. 그리고 시간과 분량을 정해서 하루하루 실천했겠구나.'라고 유추하는 거예요.

이렇게 뒤에서부터 차근차근 생각해보면 해야 할 작은 목표들이 예상됩니다. 그러면 지금 내가 무엇을 할지, 구체적인 계획과 아이디어가 떠오르죠. 수학 시험을 잘 보기 위해 막연히 공부하기보다 구체적으로 몇 시에, 어디에서 할 것인지 사소하고도 구체적으로 계획을 세우면 높은 점수를 얻게 될 거예요.

이렇게 하면, 지속해서 실천할 힘이 생깁니다. 아무리 계획이 뛰어나도 실천하지 못하면 아무 소용이 없지요. 시작이 반이랍니다. 이 시작을 위해 지금 당장 이룰 수 있는 일들로 세분화해보세요. 꿈은 크게 갖되, 목표는 실행 가능한 작은 것부터 시작하는 게 좋아요.

사소함에서 오는 힘을 믿어보세요. 원하는 것을 이루기는 어렵지만, 그것을 이루기 위해 잘게 쪼개 실천하면 어느덧 꿈에 한 발짝 다가가 있을 것입니다. 사소한 목표가 사소하지 않은 이유입니다.

PART 4

모든 답은 내 안에 있다

01
내면의 소리에 귀 기울이는 법

유난히 공부하기 싫은 날이 있어요. 아무리 열심히 하려고 해도 집중이 되지 않고 무력해지는 날 말이에요. 저뿐만 아니라, 대부분의 학생이 겪는 일일 거예요. 이런 날에는 어떻게 해야 공부를 성공적으로 마칠 수 있을까요?

11학년이 시작된 어느 날이었어요. 그날따라 너무 집중력이 떨어져 공부하기가 싫었어요. 그냥 아무것도 하고 싶지 않았죠. 이런저런 잡생각이 머리 위를 둥둥 떠다녔어요.

'내가 과연 잘하고 있는 걸까? 너무 앞만 보고 가는 건 아닐까?'라는 생각이 들자, 잠시 멈춰 저와 대화하는 시간이 필요하다는 걸 알았어요. 저에게 다양한 질문을 하며, 답을 찾아야만 했죠. 저는 노트를 펼쳐, 지금 왜 공부하기 싫은지, 왜 모든 걸 포기하고 싶은 마음까지 드는지 물으며 답을 적어 나갔어요.

'과정이 중요하다고 하면서 막상 결과가 좋지 않아 그런 걸까? 결과에 실망해서 의욕이 떨어지는 건 아닐까? 지금 마음이 불안해서 공부하기 싫은 걸까? 이렇게 열심히 공부한다고 좋은 결과가 나오기는 할까? 공부하기 싫다. 포기할까?'

머릿속의 생각들을 쭉 적어보니 걱정과 불안에 대한 내용으로 노트가 꽉 채워졌어요. 그리고 몇 시간을 책상에 앉아 부정적인 내용을 쓰다 보니, 나중에는 저도 모르게 자신을 설득하기에 이르렀어요. '과정이 중요한 거 아니야? 노력은 배신하지 않아. 좋은 결과를 기대하면서 내가 성장하는 거야.'라는 내용으로 말이죠. 결국 생각이 바뀌었어요. '공부만 할 수 있다는 게 얼마나 감사한 건지 알아?'라며 저를 응원하는 문장으로 노트가 채워졌지요. 신기한 경험이었어요.

왜 공부하기 싫은지에 대한 물음이 결국 공부할 수 있음에 대한 감사로 이어졌어요. 본래의 저로 돌아간 기분이었습니다.

그리고 다시 그 순간이 감사해지고, 제 미래에 대한 기대감까지 들었어요. '앞으로의 내 인생에 어떤 좋은 일이 생길까? 이 시기를 잘 보내자.'라고 저를 다독이게 되었지요. 막연하지만 좋은 일이 생기리란 믿음 덕분에, 감정이 180도 바뀌어 설레기까지 했죠.

정말 아무 일도 없던 것처럼 마음이 편안해지고, 다시 공부가 하고 싶어졌어요. 저는 행복할 것이고, 어떤 결과도 저를 흔들지 못하리라는 확신이 들며, 저 자신을 믿는 기분이 무엇인지를 알았어요. 저는 저에게 편지를 썼습니다.

자신과의 대화법

"나흔아, 다 잘 되고 있어. 걱정하지 마. 넌 지금도 충분하고, 완벽해. 네가 원하는 대학에 들어가지 못해도, 시험 결과가 좋지 않아도 나는 너를 사랑해. 너는 그 자체로 빛나는 사람이야. 매 순간이 행복해. 나는 네가 좋고, 무엇을 하든 나는 네가 소중해. 너에게는 몇 개의 목표가 있니? 목표에는 공부에 관련한 것도 있고, 활동, 네 개인적인 것에 관련한 것도 있어. 그러나 너는

초조하거나 불안하지 않을 거야. 잘 해낼 거라 믿으니까. 최선을 다하면 결과는 자연스럽게 따라오리라는 것을 아니까. 물론, 그만큼 열심히 해야겠지. 그런데 즐기면서 하는 게 중요해. 모든 것을 긍정적인 마음으로 해내자. 너는 충분한 사람이야. 수고했어.

네 곁에는 좋은 사람이 있고, 너는 누구보다 행복하게 생활하고 있어. 앞으로 무슨 일이 일어날지, 어떤 사람이 네 앞에 나타날지 설레고 두근거리지 않니? 살아 있다는 것 자체가 설레지 않니? 모두 잘될 거야. 그러니 네가 하고 싶은 걸 해. 오늘도, 지금 이 순간도 되돌아오지 않아. 현재를 느끼고 즐겨. 그게 깨어 있는 거야. 무엇을 하든 너는 행복할 수 있고, 어디에서 누구와 있든 너는 행복할 거야. 그 무엇도 네 행복을 방해하지 못할 거야.
너는 사랑스럽고 귀해. 세상을 보고 느끼고 경험하며 멋지게 살아줘서 고마워. 이 고마움을 어떻게 다 표현할까. 고맙다는 말로는 부족해. 너는 복 받은 사람이야. 이렇게 아름다운 세상에 살 수 있다니. 모든 게 완벽해."

제가 이렇게 편지를 쓴 이유가 있어요. 나중에 또다시 공부하기 싫거나, 포기하고 싶어질 때 그리고 불안해질 때 이 편지를 읽고 마음을 다잡기 위해서였죠. 저만의 대화법이자 극복방법이었어요. 이렇게 편지를 쓰고 나니, 내면이 강해지는 느낌이었습니다. 그리고 신기하게 불안감이 사라지며 저에게 할 수 있는 긍정적인 말들이 쏟아졌지요.

저와의 대화를 통해 답을 찾을 수 있었어요. 힘이 솟으며, 빨리 다시 공부하고 싶어졌어요. 저에게 중요한 게 무엇인지 상기하며, 공부의 의미와 본질에 집중할 수 있었습니다. 실제로 포기하고 싶을 때마다 이 편지를 읽었고, 읽을수록 마음이 편안해졌어요.

종일 공부하는 학생이라면 하루에도 수십 번씩 포기하고 싶은 마음이 들 거예요. 그렇다면 저처럼 자신과 솔직한 대화를 해보세요. 문제를 해결할 수 있을 거예요. 모든 답은 내 안에 있으니까요.

02
나만의 데드라인을 만들어라

저는 초등학교 때부터 역사 과목을 좋아했어요. 다양한 역사의 현장을 체험하는 걸 좋아했고, 기록되지 않은 비하인드 스토리는 흥미로웠죠. 하지만 이러한 재미도 시험과 연관되면 다르게 다가왔어요. 역사 과목은 어떤 과목보다 범위가 넓고, 암기할 게 많았습니다. 미국에서도 마찬가지였어요.

“시험은 다음 주 수요일입니다.” 역사 선생님이 시험 날짜를 발표하자, 모두 웅성거리기 시작했어요. 일주일 조금 넘는 시간이 남았을 뿐이었고, 시험 범위는 교과서 수백 페이지에 이르

렸죠. 문제도 주관식과 에세이 형식이어서 다방면으로 만반의 준비를 해야 했어요.

역사 과목은 학기 중간에 치르는 시험이 없기 때문에, 이번에 보는 시험이 중요했어요. '제대로 시험을 준비해야 하는데, 어떻게 해야 효율적일까?'를 고민했어요. 저는 다양한 방법으로 공부하는 과정을 즐겼기 때문에, 시험만을 위한 벼락치기를 좋아하지 않았어요. 벼락치기는 시험이 끝나면 내용을 다 잊어버려서 오히려 시간 낭비라고 생각했답니다. 게다가 역사 과목은 며칠 밤을 새어 벼락치기를 한다고 해도 통하지 않는 과목이에요. 범위가 넓어 쉽지도 않고요. 공부 방법에 대해 고민하며 교과서를 한 장 한 장 넘기는데, 문득 이런 생각이 들었어요. '시험을 앞당기면 어떨까? 당연히 어떻게 해서든 그 시간 내에 공부를 끝내겠지?'

그래서 저는 노트에 표시한 시험 날짜를 앞당겼어요. 다음 주 월요일이 시험인 걸로 가정해 공부의 데드라인을 바꾼 거예요. 월요일까지 완전히 몰입해 끝내자는 마음이었어요. 그러면 그 후에는 마음 편하게 복습하며 시험을 준비할 수 있으니까요. 저는 월요일을 마감으로 잡고 주말까지 완전히 공부를 끝내리라 생각했습니다. 촘촘히 공부 계획을 세우고, 본격적으로 시험 준비에 들어갔어요.

이렇게 날짜를 앞당기니 신기하게도 정말 주말까지 공부를 끝낼 수 있었어요. 공부를 다 하고, 시간이 남기까지 해서 이틀은 여유 있게 복습을 했어요. 남는 시간에 공부한 내용을 이해하고 또 이해했습니다. 바로 제가 원하는 방식의 공부였지요. 저에게는 효과적인 방법이라, 시험 때마다 이렇게 데드라인을 앞당겨 공부했습니다.

할 일을 앞당기고 분산시키기

이 일을 계기로 저는 틈틈이 있는 퀴즈, 과제, 조별 발표도 데드라인을 앞당겨 준비했어요. 동아리 활동도 마찬가지로 저만의 데드라인을 만들었습니다. 행사나 모임을 위해 해야 할 일은 한 주 전에 끝내려고 노력했어요. 만약 금요일 저녁에 동아리 행사가 있으면, 그날 끝내야 할 개인적인 일을 월요일이나 화요일에 미리 끝내는 거죠. 이렇게 하다 보니, 금요일마다 다음 주에 해야 할 일을 목록으로 만드는 습관이 생겼어요. 특히, 시간이 오래 걸릴 것 같은 과제나 프로젝트는 데드라인을 확실히 앞당겨두었지요. 읽어야 할 내용이 많은 역사 과목 교과서는 주말에 미리 읽어두었고요. 예습과 마찬가지였고, 수업 시간에는 자연스럽게 복습이 되었어요.

어쩌다 발표와 과제, 활동이 몰려 있는 날이 있어요. 이런 경우에는 데드라인을 분산시켰습니다. 금요일에 몰려 있다면, 각각의 데드라인을 수, 목, 금으로 나누는 거예요. 그렇게 하나씩 끝내다보니 마음도 가벼워지고, 모든 일이 수월했어요. 또한, 할 일을 미리 끝내는 습관을 들이니 자신감도 생겼습니다. 아무리 바빠도 저는 해야 할 일을 다 해낼 수 있는 사람이라는 뜻이니까요.

03

기록하는 습관의 힘

저는 초등학교 1학년인 8살부터 일기를 써왔어요. 그 시작은 학교 숙제인 그림일기였죠. 지금은 그때그때 짧은 메모 형식으로 쓰기도 하지만, 방식이 어떻든 일기 쓰기라는 습관은 9년이 되어갑니다. 그동안 기록한 다양한 노트와 일기장은 저의 소중한 보물이 되었어요.

몇 년 전, 헨리에트 앤 클라우저의 《종이 위의 기적, 쓰면 이루어진다》라는 책을 읽었어요. 자신이 원하는 모습과 원하는 것을 적고 상상하면 놀라운 결과가 나타난다는 메시지를 담고 있는 책이지요. 이 책을 읽으며 "맞아, 맞아!"라는 말이 튀어나왔어요. 제 생각과 일치하는 내용이 많았거든요. 그리고 단기적인 목표뿐 아니라, 장기적인 목표와 꿈을 적는 것이 중요하다는 걸 다시 한번 되새겼어요. 기록의 힘에 대한 확신이 들었고, 마음에서 우러나오는 모든 소원을 자유롭게 적는 게 중요하다는 것도 알았어요.

책을 읽고 저는 저만의 '꿈의 노트'를 만들었어요. 이루고 싶은 목표, 가고 싶은 곳, 하고 싶은 일, 갖고 싶은 것을 적는 작은 노트였죠. 하고 싶은 일이 생길 때마다 노트를 업데이트하고, 매일 읽으며 꿈을 이룬 모습을 상상했어요.

꿈의 노트 첫 페이지에는 가고 싶은 대학교의 사진과 로고, 스티커가 붙어 있어요. 캠퍼스 사진을 보며, 교정의 넓은 잔디밭에 앉아 과제하는 모습을 상상하고, 수업을 들으러 자전거를 타는 모습도 떠올렸죠. 상상만 해도 마치 제가 그 학교의 학생이 된 기분이었어요.

그 대학교에 합격한 사람의 합격증을 인터넷에서 찾아 프린트해 벽에 붙이기도 했어요. 그러고 나서 제가 합격했다고 상상하니 가슴이 뛰고 울컥했어요. 이렇게 목표를 항상 기록하고, 보면서 하나씩 이뤄나가려고 노력했습니다. 기분 좋은 상상을 하면서 말이에요. 기분 좋은 상상은 저에게 훌륭한 자극제가 되었습니다.

저는 이 노트 위에 '나는 할 수 있다.'를 반복해 쓰며 되뇌었어요. 이 짧은 문장만으로도 몸 안에 무언가가 끓어오르는 것 같았죠. 결과적으로 '나는 할 수 있다.'라는 문장이 '나는 해냈다.'로 바뀌었어요. 정말로 쓰면 이루어지는 종이 위의 기적이었죠.

기록은 생각의 원동력

저는 제 생각과 다짐을 기록할 때, 작은 메모장과 큰 노트를 번갈아 사용합니다. 어떤 노트를 사용할지에 대한 기준이 있는 건 아니고 쓰고 싶은 게 생길 때마다 가까이 있는 노트를 사용하죠. 기록 자체가 중요하기 때문이에요.

또한, 바쁠 때는 새로 적기보다 예전에 적었던 기록을 찾아서 읽으며 마음을 정리합니다. 저는 기록과 공부를 별개로 생각하지 않아요. 공부가 배움의 과정이듯, 기록 또한 배움과 성장의 과정이지요. 배움의 과정을 모두 기록하며 저에 대해 잘 알게 되었고, 공부의 재미를 느꼈어요. 또한 어떠한 노력을 했는지 흔적을 읽는 것 또한 하나의 공부가 되었지요. 그래서 어디를 가든 작은 메모장은 필수였습니다.

기록을 통해 세상을 보는 관점도 바뀌었어요. 그래서 학교 공부뿐 아니라, 제 일상도 다큐멘터리처럼 꼼꼼히 기록했어요. 특히 공부가 잘 안되거나, 막연한 불안함이 밀려올 때의 기록은 삶의 원동력이 되었어요.

'나는 왜 공부하지? 왜 좋은 대학에 가려고 하지? 왜 이번 시험을 잘 봐야 하지?'와 같은 공부의 본질에 대해 질문하며 성장했다고 봐도 무방해요. 제 삶의 방향을 확실히 할 수 있었다고 할까요? 책과 신문을 읽고 감명 깊은 구절과 명언을 끊임없이 적으며 저만의 철학과 원칙이 생겼고, 이 원칙을 통해 옳은 선택과 행동을 할 수 있었습니다.

힘들고 포기하고 싶을 때도 노트를 읽으며 힘을 얻었어요. 어떤 일을 포기하고 싶을 때마다 왜 이 일을 하는지를 명확히 알고 나면, 다시 시작할 수 있었지요. 즉, 제 노트는 모든 아이디어가 기록된 '아이디어 사전'이자, 제 생각을 기록한 '기록 사전', 또는 저를 일으켜 세우는 문구가 가득한 '긍정 노트'였답니다. 저의 꿈과 목표를 향해 돌진할 수 있는 근본적인 힘이 되었어요.

2016월 7월 18일

지금은 새벽 2시. 음악을 들으며 글을 쓴다. 내가 진짜로 하고 싶은 일은 무엇일까? 걱정은 되지 않는다. 오히려 다가올 미래가 설레고 기대된다. 어떤 일을 하고, 어떤 결정을 내리든 나는 행복하리라 믿으니까. 그래도 하루에 한 번씩은 질문해봐야 할 것 같다. 내가 무엇을 좋아하고, 무엇이 되고 싶고, 나는 누구인지. 어쩌면 인생은 이 질문에 대한 답을 찾는 여정인 것 같다. 답이 쉽게 떠오를 리 없으니, 더 값진 여정이다.

사실 아이디어는 적어두지 않으면 금방 잊어버려요. 아무리 천재라도 기억력에는 한계가 있기 마련이죠. 하지만 메모를 해두면 작은 아이디어라도 잊어버리지 않고, 새로운 생각이 덧입힙니다. 저는 생각이 많고, 쓸 게 많아서 기록하기도 하지만 반대로 기록하면서 재미있는 아이디어가 떠오르는 경우도 아주 많아요.

'오늘은 또 무엇을 기록할까?'라는 생각을 하면 설레요. 내가 느낀 것, 경험한 것, 배운 것을 쉬지 않고 기록하다보면 새로운 세상에 눈뜨기도 하죠. 세상을 완전히 다른 시각으로 보게 되는 힘을 얻을 수 있어요. 즉, 기록은 원하는 것을 얻을 수 있게 해주는 강력한 힘을 지녔답니다.

04

꿈을 향해 한 걸음 더

"너는 커서 뭐가 되고 싶니?" 초등학교 시절 선생님과 주위 사람들에게 듣는 단골 질문입니다. 그러나 시간이 지날수록 명쾌하게 대답하기 힘들죠. 어릴 때부터 장래 희망이 확고한 사람도 있지만, 대부분은 그렇지 않아요. 그래서 어른들이 선호하는 의사나 변호사 같은 직업으로 대답하기 일쑤죠. 저도 어떤 꿈이나 장래 희망에 대해 누군가 물을 때마다 하나의 직업을 선택해 대답하고는 했어요. 작가, 프로듀서, 외교관, 교수 등 매번 바뀌었던 것 같아요.

하지만 다양한 책을 읽고, 사람들을 만나면서 제가 보지 못했던 세상이 보이기 시작했어요. 생각보다 다양한 길이 있고, 경험이 많을수록 인생이 풍부해진다는 걸 깨달은 거죠.

또 꿈이나 장래 희망이 특정 직업을 뜻하지도 않는다는 걸 알았어요. 지금은 누군가 "꿈이 뭐예요?"라고 묻는다면, 두 가지 종류의 꿈이 있다고 대답해요. 물론 이것도 시간이 흐르면 바뀔지 모르지요.

저는 '무엇을 하고 싶다, 이루고 싶다'와 같은 목적지형 꿈과 그렇지 않은 꿈을 동시에 가지려고 해요. 외적인 꿈과 내적인 꿈으로 보면 될 것 같아요. 목적지형 꿈은 대부분 그것을 이루면 끝나는 것들이에요. 특정 직업을 갖거나, 무언가 성취하는 것이 있겠죠. 반대로 목적지가 없는 꿈은 목표나 기준을 정하기 힘들지만, 어떻게 살아갈지 방향을 제시해주어요. 예를 들면, 나 자신을 온전히 받아들이고 사랑하기, 순간의 행복을 느끼기, 선한 영향을 주는 사람이 되기, 나다운 인생을 살기, 세상을 보는 시야를 넓히기 등이 있죠. 성취보다는 사는 과정에서의 가치나 의미에 관련한 것들이에요.

물론 개인적으로 이루고 싶은 것도 있고, 하고 싶은 것도 있어요. 제가 어떤 일을 하게 될지 아직 확실하지 않지만, 시간이 날 때마다 저 자신에게 물어보고는 합니다. '너는 무엇을 하고 싶니? 어디에 가고 싶어? 도전하고 싶은 것은?' 하고 말이에요. 이런 질문으로 꾸준히 목록을 만들어 버킷리스트를 만들고 있어요. 마음 가는 대로 상상하고, 생각나는 것을 적지요.

세계 여행을 하며 글도 쓰고 싶고, 관심 분야의 모임이나 단체를 만들어보고 싶어요. 또 어떤 분야의 전문가가 되어 강연도 하고, 작사를 하거나 영상을 제작하고 싶기도 해요. 이런 것들을 생각하면 가슴이 두근거립니다. 상상에는 한계가 없거든요. 이렇게 적고 생각을 거듭할수록, 실현 가능한 일에 대한 윤곽이 드러나는 것 같아요. 아직은 특정 분야와 직종에 한계를 두지 않고 열린 마음으로 도전하며 살고 싶어요.

'깊게 파려면 우선 넓게 파야 한다'라는 말처럼, 다양하게 경험하려 노력하고 있답니다. 물론, 미래에 대한 생각이 꼬리에 꼬리를 물어 잠 못 이룰 때도 있어요. 하지만 이 또한 기분 좋은 불면이지요. 아침이 되면 피곤함보다는 하루를 시작하는 것만으로 기분이 좋고 살아 숨 쉬는 자체로도 가슴이 벅차오릅니다.

궁극적으로는 좋은 사람이 되고 싶어요. 결과나 성과와 관계없이 그저 한 인간으로서 말이에요. 끝이 없는, 평생 안고 가야 할 꿈이죠. 타인에 대해 공감하고 이해하며, 사소한 것에도 감사할 줄 알고, 겸손한 사람이 되고 싶어요. 앞만 보고 달리기보다 주변을 돌아보며 잠시 멈출 줄 아는 사람이 되고 싶어요. 모든 것에서 영감을 얻고 선한 영향을 주는 사람이 되고 싶어요. 이렇게 저만의 속도로 저만의 인생을 마음껏 즐기며 재미있게 살고 싶습니다.

물론 목적지형 꿈은 미래를 향해 나아갈 수 있는 좋은 자극이 될 수 있어요. 이를 통해 성취감도 맛볼 수 있죠. 그래서 저는 이 두 가지 꿈을 동시에 품고 나아가기 위해 노력하고 있어요.

저는 '인생에는 결국 끝이 있다'라는 생각을 자주 해요. 끝을 생각할수록 삶이 소중해지고, 인생에서 가장 중요한 게 무엇인지 알 수 있습니다. 눈앞의 이익이나 성과로는 알 수 없는 '어떻게 살 것인가'에 대한 문제죠.

사회적 기준이 아닌, 내가 진정 원하는 삶에 대해 생각하고, 어떻게 하면 그 삶에 더 가까이 갈 수 있을까를 생각해요.

이런 생각을 할 때마다 한 번뿐인 삶을 의미 있게 살고 싶어집니다.

그래서 목표를 향해 1분 1초를 아껴가며 달리지만, 계절의 변화를 느끼거나, 사랑하는 사람과 시간을 보내는 것 같은 다시 돌아오지 않을 순간을 놓치지 않으려고 해요. 내가 나에 대해 알고, 나를 사랑하면 충분하다는 생각이 들어요. 성공은 이러한 삶을 살 때 따라오는 덤이라고 생각하면서 말이에요.

"삶이라는 캔버스는 매일 우리가 겪는 경험과 행동, 반응과 감정으로 채워지며, 그 붓을 움직이는 것은 우리 자신이다. 우리는 모두 자신의 인생을 그리는 예술가이다."라는 오프라 윈프리의 말을 참 좋아해요. 그녀의 말처럼 저는 삶이라는 커다란 캔버스의 예술가가 되어 하루하루를 의미 있게 살아가고자 합니다. 여백을 넣는 것에도 두려워하지 않으면서요.

물론 계획과는 달리 선이 엇나갈 수도 있고, 실수로 다른 색이 덧입히기도 하겠죠. 하지만 결국 세상에 한 점뿐인 저만의 그림을 완성할 수 있을 거라 생각해요. 순간에 충실하며 살다보면 인생에 어떤 점들이 뿌려질 테고, 그 점들이 어느새 연결되어 선이 될 테니까요. 어떤 그림이 완성되든 그 그림은 명작이 될 것입니다.

우리는 모두 예술가입니다. 여러분도 고유의 빛과 색을 잃지 않고, 인생이라는 하얀 캔버스에 여러분만의 소중한 인생과 꿈을 마음껏 그리시길 바랍니다.

미국 대학교
합격을 위한 팁

01

미국 대학교에 지원하려면?

고등학교 수업 레벨

레벨을 어떻게 선택해야 하나요?

대학에 지원하기 위해서는 고등학교 때부터 준비가 필요합니다. 레벨에 대한 이해 없이는 수준에 맞춰 공부할 수 없어요. 저 또한 첫 학기에는 레귤러 수업을 들었고, 조금 더 심화해 공부하고자 했을 때부터 어너 수업과 AP 수업을 들었습니다. 또한, 학교마다 제공하는 커리큘럼이 상이하니 참고하세요.

수업 레벨	설명
레귤러 (Regular)	고등학교 정규 과정으로 일반적인 수준이다.
어너 (Honors)	일반 교과목의 심화 과정으로, 내신(GPA)에서 가산점을 얻을 수 있다.
AP (Advanced Placement)	대학 수준의 수업으로 매년 5월에 있는 AP 시험을 통해 대학 학점을 미리 이수할 수 있다. 대학에서 더욱 깊이 있게 학문에 매진할 수 있도록 제공하는 시스템이다.
IB (International Baccalaureate)	세계적으로 많은 대학이 인정하는 교육 과정으로, 이수하면 디플로마(diploma) 학위를 받을 수 있다. 수학, 과학, 인문사회, 예술, 모국어, 외국어 6개의 커리큘럼으로 구성되며, 이론과 지식, 창의력, 에세이로 평가한다.

※ AP는 미국에서 시작되어 고등학생이 대학교 코스를 미리 듣기 위해 만들어진 프로그램이고, IB는 스위스에서 시작되어 국제적으로 인정되는 디플로마 과정이다. 구체적인 시험 제도나 형식이 다르며, 보통은 학교마다 프로그램을 선택해 학생에게 제공한다.

준비 자료와 평가 팁

무엇이 필요하고 대학교에서 무엇을 평가하나요?

미국의 대학교에 진학하고자 한다면 우선 학업적인 성과를 보여줄 자료와 학업 외적인 활동 자료로 나눠 준비해야 합니다. 학업 자료로는 GPA, SAT/ACT, SAT II, AP 또는 IB 시험 성적을 준비하세요. 그리고 학업 외 부분은 과외 활동 경력(교내, 교외 활동), 에세이, 추천서, 면접 등을 준비해야 합니다.

미국의 대학도 우리나라와 마찬가지로 교내 성적과 시험 점수를 중요하게 여깁니다. 그러나 성적으로만 지원자의 모든 역량을 판단할 수 없으므로, 대학마다 자체 평가 기준이 있습니다. 또한, 지원자의 배움에 대한 도전성과 가치관을 중요시하므로, 과외 활동 내용과 에세이의 비중도 큽니다. 즉, 성적과 함께 지원자가 가지고 있는 다양한 역량을 종합적으로 평가하지요. 두 자료를 통해 '지원자가 좋아하고, 심취해 있는 분야가 있는지, 있다면 무엇인지, 또 그것으로부터 무엇을 무엇을 배웠는지'를 살피는 것입니다. 더 나아가 지원자가 어떤 생각을 하고 있고, 사회에 어떤 가치를 제공할 수 있을지도 평가합니다.

스탠퍼드대의 경우에는 입학사정관들이 학생의 창의력과 생각, 태도, 앞으로의 가능성까지를 꼼꼼히 살피고 평가합니다.

교내외 활동 팁

어떤 활동을 해야 하나요?

지원서에 들어가는 과외 활동(Extracurricular Activities) 항목은 교내외 특별 활동을 말합니다. 운동, 음악, 봉사, 동아리 활동 등 다양합니다.

제 경험상 너무 많은 특별 활동보다는 몇 개의 활동을 선정해서 기술하는 게 좋아요. 좋아하는 활동에 열정을 가지고 최선을 다하는 모습을 보여주는 게 유리합니다. 다수가 하는 활동을 따라 하는 것보다 자신이 진짜 좋아하고 즐기는 활동 한두 가지를 보여주는 것이죠.

처음에는 내가 무엇을 좋아하는지 모를 수 있어요. 그러므로 학기 초에는 여러 가지 활동을 시도해보고 그중 자신과 맞는 것을 고르세요. 저도 첫 학기에는 되도록 다양한 분야에 도전한 것 같아요. 이런 과정을 통해 제가 글쓰기를 좋아한다는 걸 깨닫고, 이후 기자단 활동이나 잡지에 칼럼을 기고하는 데에 집중했어요. 물론, 그 활동이 봉사활동이나 악기, 운동과 같은 인기 있는 분야가 아니어도 괜찮습니다. 본인이 원하는 것을 하면 됩니다. 중요한 것은 항상 자신에게 "왜?"라는 질문을 던지는 거예요. 왜 이 활동을 하는지, 왜 좋아하는지를 묻다보면 정말로 자신이 좋아하는 것을 찾고 열정적으로 임하게 된답니다. 입학사정관도 이런 부분을 주의 깊게 봅니다. 남들이 다 하는 것 말고 여러분만이 할 수 있는 일을 찾아보세요.

사람마다 좋아하는 게 다르므로 남과 비교하지 말고 본인에게 집중하세요. 또, 대학에 응시하기 위해서가 아닌, 활동을 통해 사회에 좋은 영향을 끼칠 방법을 생각해보면 좋은 결과로 이어질 거예요.

에세이 팁

에세이는 어떻게 써야 하나요?

미국의 대학에서 요구하는 에세이는 보통 자신을 소개하는 에세이와 각 대학에서 별도로 지정한 주제에 대해 기술하는 에세이 두 가지로 나눌 수 있습니다.

저는 12학년 전, 여름 방학이 시작될 무렵부터 에세이를 준비했어요. 제일 먼저 공통 질문과 학교별 질문을 찾아 프린트해서 파일로 정리했습니다. 학교별로 무엇을 묻는지 파악하기 위해서였지요. 그런 다음 저를 주제로 마인드맵을 그렸습니다. 가운데에 제 이름을 넣고, 지금껏 해온 활동과 의미 있었던 경험, 가치, 좋아하는 것 등을 자유롭게 그렸어요. 그런 다음, 에세이에 쓸 내용을 간추렸지요.

처음에는 부담 없이 질문마다 생각나는 대로 아이디어와 문장을 적고, 그에 관련한 에피소드를 적었어요. 기초를 마련하는 게 중요하다고 생각해 이 작업만 몇 주를 해서 뼈대를 만들었습니다. 그리고 이를 바탕으로 본격적으로 에세이를 쓰기 시작했어요. 최대한 진솔하게, 있는 그대로의 제 모습을 보여주는 게 목표였어요.

어려운 단어와 현란한 수식어를 동원하기보다 쉽고 진솔하게 쓰기를 추천해요. 나는 누구이고, 어떤 사람인지를 성장 과정과 구체적인 경험을 통해 쓰면 좋아요. 그 경험들이 대단하거나 특별할 필요는 없어요. 에세이의 목적은 내가 얼마나 많은 것을 했는지가 아니라, 내가 누구이고 어떤 생각을 하는 사람인지를 보여주는 것이니까요. 사소한 경험이라도 나와 연결할 수 있으면 됩니다. 저는 놀이기구를 처음 탔던 경험을 예로 들며, 다양한 것에 도전하고 싶다는 글을 썼어요.

에세이는 '나는 열정적이고 호기심이 많다.'라는 직접적인 말보다, 구체적인 사례를 들어 '보여주는 것'이 좋아요. 누구나 쓸 수 없는 개인적인 이야기를 포함하는 거죠. 다 읽었을 때, 이 학생이 어떤 사람인지 알 수 있도록 말이에요.

저는 에세이에만 몇 달을 공들였습니다. 그 정도로 중요하다고 생각했어요. 시간이 날 때마다 노트북을 꺼내 글을 읽고 수정하고를 반복했죠.

그리고 학교 선생님께 피드백을 받았습니다. 경험상, 수정하고 피드백 받는 시간이 많을수록 좋기 때문에 에세이는 일찍 준비하는 게 유리하다고 생각합니다. 그리고 에세이가 어느 정도 정리되면 입학사정관의 입장이 되어 읽어보세요. 다 읽고 어떤 학생인지 감이 온다면 성공입니다.

비록 지금 당장은 글쓰기의 목적이 대학교에 입학하기 위함이지만, 이 과정을 내 인생을 되돌아보는 시간으로 삼으면 좋아요. 억지로 쓰지 말고, 내가 좋아하는 것은 무엇인지, 무엇을 할 때 행복한지, 내가 대학에 가고 졸업해 사회에서 이바지할 수 있는 게 무엇인지 고민해보며 글을 써보세요. 막힌 부분도 술술 풀릴 것입니다.

에세이를 잘 쓰기 위해서는 나에 대해 잘 알고, 보여줄 수 있어야 합니다. 즉, 나에 대해 질문하지 않고는 효과적으로 자신을 드러내기 힘듭니다.

성공적으로 에세이를 쓰려면?

1. 에세이에 들어가는 공통 질문과 학교별 질문을 정리한다.
2. 나를 주제로 마인드맵을 그린다.
3. 생각나는 질문이나 에피소드, 아이디어를 자유롭게 쓴다.
4. 있는 그대로의 나를 과장 없이 서술한다.
5. 현란한 수식어나 어려운 단어는 지양한다.
6. 직접적인 내용보다 구체적인 에피소드로 자신을 보여준다.
7. 자신만의 독특한 경험이나 생각을 쓴다. 사소해도 좋다.
8. 학교 선생님께 피드백을 받고 퇴고한다.
9. 다 쓴 다음, 입학사정관이라고 가정해 소리 내어 읽는다.
10. 대학 지원을 위해서가 아니라 나를 알 수 있는 기회라 생각하며 쓴다.

대학 지원 전형

지원 전형	설명
레귤러 디시전 (Regular Decision)	일반적인 정규 입학 전형이다. 보통 9월에 입학하므로, 12~1월 초에 지원해, 3~4월 초에 합격이 발표된다.

얼리 디시전 (Early Decision)	조기 입학 전형으로, 한 군데만 지원할 수 있다. 합격 시에는 반드시 지원한 학교에 입학해야 한다. 11월에 지원해, 12월에 합격 발표가 나며, 보류 명단(Deferred)에 올랐다면, 1월 레귤러 디시전 마감일에 타 지원자와 함께 원서가 재검토된다.
얼리 액션 (Early Action)	11월에 지원하는 조기 전형으로, 한번에 여러 학교를 지원할 수 있고, 합격하더라도 등록 여부를 선택할 수 있다. 보류 명단에 올랐다면 1월에 타 지원자와 원서가 재검토된다. *싱글 초이스 얼리 액션(Single Choice Early Action): 지원은 한 학교만 가능하지만 합격한 후에 등록 여부를 선택할 수 있다.
롤링 어드미션 (Rolling Admission)	원서 마감 시기가 정해져 있지 않고, 원서를 받으면 검토 후 합격 여부를 통보한다. 합격 여부는 두 달 뒤에 발표된다.

미국 대학에 지원하기 위해서는 다양한 전형을 활용할 수 있습니다. 우리나라에 수능을 치르고 지원하는 정시 전형과 학기 중간에 치를 수 있는 수시 전형이 있듯이, 미국에도 SAT를 치르고 지원할 수 있는 정시 전형과 고등학교 학기 중간에 지원할 수 있는 조기 전형이 있습니다. 각 지원 일정을 알아두고 자신에게 맞는 전략을 짤 필요가 있습니다.

02

SAT, 어떻게 준비할까?

SAT 리딩 시험을 위한 팁

지문에서 근거를 찾는 연습을 한다

문제를 풀 때는 지문에 근거해 보기 안에서 답을 찾아야 합니다. 이때 중요한 것은 논리적으로 답을 추론해나가는 능력입니다. 만약 답이 한번에 나오지 않으면, 지문에서 언급되지 않거나, 답이 되지 않는 보기를 지워가며 답을 찾으세요. 지문을 이해하고 해석하면서 왜 이 보기가 답인지, 나머지는 왜 답이 아닌지를 추론하는 연습이 필요합니다.

특히 단어나 문장에 줄이 쳐 있는 문제(Line Reference)는 그 주변에서 힌트를 찾아 답을 고르는 연습을 해야 합니다. 그 주변에서 답을 찾기 어렵다면 해당 문단의 중심 내용, 더 넓게는 지문 전체의 중심 내용을 생각하며 문제를 뒷받침하는 보기를 고릅니다.

반드시 이해하고 넘어간다

답을 찾은 다음에는 반드시 이해하고 넘어가세요. 이 과정을 통해 논리적 추론 실력을 기를 수 있습니다. 실전으로 넘어가기 전에 천천히 지문을 읽고 답을 찾으세요. 처음에는 지문 하나를 읽는 데에도 시간이 꽤 걸리지만, 반복하다보면 추론 실력이 확실히 향상됩니다.

연습을 실전처럼, 실전을 연습처럼

다음은 실전처럼 문제를 푸는 연습이 필요합니다. '연습을 실전처럼, 실전을 연습처럼' 하는 것입니다.

이 과정에서는 중심 내용을 파악하는 것을 목표로 합니다. 빠르게 훑어보면서 접속사를 찾거나, 그 단락에서 하고자 하는 말을 파악합니다. 지금 공부한 것이 시험에 나온다는 생각으로 문제마다 정확하게 이해하는 것이 중요합니다.

SAT 에세이 시험을 위한 팁

주제를 파악하고 답안을 작성한다

정해진 시간 내에 자기 생각을 정리해 논리적으로 글을 쓴다는 건 쉽지 않습니다. 그래서 저는 칼리지보드 사이트(collegeboard.org)에서 제공하는 참고 에세이를 적극적으로 활용했습니다. 칼리지보드는 SAT 준비 요강과 시험 규정, 읽기 테스트, 증거를 기반한 읽기와 쓰기, 수학 시험 개요 등을 제공하기 때문에 미국 대학을 준비한다면 무척 유용합니다. 특히, 학생들이 쓴 에세이들이 점수별로 제공되어 도움이 됩니다. 저는 이곳의 에세이를 활용해 실전처럼 시간을 재가며 답안을 작성했습니다.

모범 답안을 분석하고 필사한다

그런 다음, 높은 점수를 받은 모범 답안을 읽으며 분석했습니다. 서론은 어떻게 썼고, 인용구를 어떤 방식으로 풀어나갔는지, 전체적인 흐름은 어떠한지를 체크했어요. 그러고 나서, 모범 답안 속의 세세한 표현과 전체적인 구조를 필사해 완전한 제 것으로 만들었습니다.

답안을 수정한다

마지막으로 제가 쓴 답안을 보며 걸리는 부분을 수정했습니다. 처음에는 이런 작문 연습에만 1시간 이상 걸렸어요. 표현이나 구조를 완전히 익히기 위해서는 많은 시간이 필요했죠. 하지만 꾸준히 연습하니 점점 시간이 줄어 30분 이내로 완성할 수 있었습니다.

다른 답안과 비교해본다

두 가지의 답안을 비교하는 것도 중요합니다. 만점을 받은 답안과 평균 점수를 받은 답안을 비교해 어떤 부분에서 차이가 나는지, 어떤 형식으로 쓰면 좋을지를 체크하세요.

같은 주제의 답안을 다시 써본다

이미 연습해본 주제의 답안이라도, 다시 한번 써보면 좋아요. 글의 구조와 흐름, 자주 사용할 표현을 완전히 내 것으로 만드는 것이 목표죠. 답안을 통째로 암기한다고 생각하면 됩니다. 예를 들어, 서론에 사용하기 좋은 표현이나 인용구 사이를 연결하는 문장들을 익혀두는 거예요. 그러면 어떤 주제가 나와도 일정한 틀이 있으니 단어나 표현만 바꾸면 됩니다.

SAT 수학 시험을 위한 팁

오답 노트는 수학 만점의 지름길

수학은 실수를 줄이는 게 가장 중요합니다. 작은 실수로도 오답이 나오는 과목이므로 만점이 목표라면 반드시 기억하세요. 저는 자잘한 실수를 줄이기 위해 오답 노트를 만들었습니다. 오답 노트를 만들어 공부하다 보니 문제의 함정에는 일정한 패턴이 있다는 걸 알았습니다. 그래서 그 패턴들을 다시 정리하고 분석했지요. 이런 식으로 익숙한 문제를 많이 접하다보니 확실히 실수가 줄었습니다. 그리고 시험을 치르기 며칠 전에는 오답 노트만 훑어보며 주의할 부분을 정리했지요. 틀린 문제가 많을 때는 오답 노트를 작성하는 데만도 시간이 오래 걸립니다. 하지만 시간을 투자해보세요. 어느새 실력이 향상된 것을 볼 수 있습니다.

AP 시험을 위한 팁

AP는 고등학교에서도 대학 수준의 수업을 들을 수 있도록 미국의 비영리기관 '칼리지보드'가 제공하는 고급 커리큘럼입니다. 5점 만점으로 3점 이상의 점수를 받으면, 대학에서 미리 학점을 이수할 수 있습니다. 대학 입학 시, 가산점을 얻을 수 있어 유용할 뿐더러, 대학에 가서도 학비를 줄이고 학점을 관리하는 데 도움이 되지요. 하지만 시험이 1년에 한 번뿐이므로, 철저하게 준비하는 것이 좋습니다. 원하는 점수를 받지 못하면 다시 1년을 기다려야 하기 때문입니다. 또한 원하는 대학이 있다면 몇 개의 수업을 들어야 유용할지도 알아보는 것이 좋아요.

AP 수업과 동시에 시험을 준비한다

만약 학교에서 AP 수업을 듣는다면, 수강과 동시에 AP 시험을 준비하는 것이 좋습니다. 수업의 진도와 시험 범위가 비슷하기 때문에 처음부터 시험을 준비한다고 생각해야 해요. 학교 진도에 맞춰 문제집을 푸는 거죠. 그렇지 않으면 학기 말에 보는 AP 시험을 따로 준비해야 해야 해서 힘들어요. 처음부터 시험을 생각하고 수업에 임하면 수업 내용, 과제 모두 저절로 시험공부가 됩니다.

교재 한 권을 반복해 읽는다

AP는 여러 권의 교재를 여러 번 읽는 것보다 한 권을 반복해서 읽는 게 좋습니다. 한 권이라도 제대로 내 것으로 만들어 놓는 것입니다.

기출 문제와 모범 답안을 분석한다

서술형 문제나 에세이는 칼리지보드 사이트에서 과거 기출 문제와 모범 답안을 제공합니다. 게다가 코멘트도 공개하기 때문에 활용도가 높습니다. 저는 모든 과목의 서술형 기출 문제를 내려받아 활용했어요. 문제를 풀고, 점수를 매기고, 모범 답안을 분석하며 공부했습니다.

에세이용 근거 창고를 만든다

AP 시험의 마지막 문제는 대부분 에세이입니다. 에세이는 정해진 시간 내에 일정 분량에 맞춰 논리적으로 답안을 써야 합니다. 저는 많은 시험 가운데 AP 에세이 준비가 가장 어려웠습니다.

특히 AP 언어 과목(AP Language)은 아는 게 없으면 쓸 수도 없을뿐더러 주제와 관련한 근거를 안다고 해도 논리적이고 매

끄럽게 쓰기가 힘들죠. 저도 글의 전체적인 구조와 방향을 잡아야 하는데, 머릿속에만 맴돌았어요.

그래서 시험에 출제될 가능성이 높은 주제 25개를 골라서 내 주장을 뒷받침할 근거를 주제당 3개씩 외워버렸어요. 주제별로 쓸 수 있는 나만의 근거 창고를 만들어 필요에 따라 꺼내 쓸 수 있게 만들었죠. 비록 특정 주제를 위해 준비한 창고였지만, 어떤 주제나 문제가 나와도 쉽게 적용할 수 있어서 유용했습니다. AP 시험 점수를 올리는 효자 역할을 한 방법입니다.

03

영어 공부법

미국 생활에서 가장 중요한 건 아무래도 영어였습니다. 저에게 영어 공부는 영어와 친해지는 과정이었어요. 누군가와 친해지고 싶으면 그 사람과 많은 시간을 보내는 게 방법이듯이, 저는 노래, 책, 드라마, 신문 등 영어로 된 모든 매체와 친해지기 위해 노력했어요.

가장 효과가 좋았던 것은 필사와 섀도잉(shadowing)이었습니다. 저는 말하기, 듣기, 쓰기, 읽기 가운데 말하기와 쓰기를 제일 중요하게 생각했습니다.

영어 필사하기

1. 영어로 된 신문, 잡지, 문제집 등을 활용해 지문을 정한다.
2. 큰 소리로 지문을 읽는다.
3. 막히거나 모르는 단어를 체크한다. 시간이 있으면 단어장에 적고 뜻을 찾아 외운다.
4. 지문을 필사한다. 내가 지문을 쓴 사람이라고 생각하고 내 글을 읽듯이 집중해 따라 쓴다. 지문이 길어 벅차다면 처음과 마지막 문단만 필사한다.
5. 지문을 요약한다. 한 문장으로 요약해도 좋으며, 더 연습하고 싶다면 내 생각도 함께 덧붙인다.

저는 이렇게 단어, 표현, 글쓰기, 말하기, 읽기 등을 동시에 연습했어요. 하나의 지문을 제 것으로 만들었죠. 매일 하면 한 달에 30개의 지문을 다룰 수 있습니다. 처음에는 힘들어도 꾸준히 하면 습관이 되어 결국 영어가 재미있어집니다.

영어 섀도잉하기

섀도잉은 듣기와 말하기를 동시에 하는 방법으로 영어 공부에 무척 효율적입니다. 저는 CNN 학생 뉴스(CNN student news) 사이트를 이용했습니다. 매일 10분간 진행하는 뉴스로 대본을 프린트할 수 있어 유용해요. 대본을 프린트해서 제가 앵커가 된 것처럼 듣기와 동시에 따라 말하는 연습을 했습니다. 학생 뉴스는 일반 CNN 뉴스보다 쉽고 간결해 이해하기 수월하며, 단어도 쉽고 또박또박 들리는 편입니다.

1. 자막이나 대본 없이 뉴스를 본다.
2. 대본을 프린트해 모르는 단어를 체크한다.
3. 대본을 소리 내어 읽는다.
4. 대본을 필사한다.
5. 뉴스를 보며 앵커가 된 듯 따라 말한다.
6. 뉴스를 정리하고 내 의견을 적는다.

뉴스 섀도잉을 할 때도, 단어 숙지와 필사, 의견 적기 작업을 했습니다. 욕심내지 않고, 하루에 한 편씩 뉴스 섀도잉을 하다 보니 점점 뉴스를 보는 양이 늘었습니다. 그러나 양보다 질이니, 한번에 하나라도 확실히 내 것으로 만드는 게 좋습니다.

영어 단어 암기법

1. 처음 보는 단어는 소리 내어 몇 번 읽거나, 노트에 반복해 적는다. 여러 번 반복해서 외우는 데 중점을 둔다.
2. 잘 외워지지 않는 단어는, 해당 단어가 들어간 문장을 만들어본다. 단어 외우기가 목적이므로 문장이 이상해도 괜찮다.
3. 단어가 익숙해지면 다시 눈으로 여러 번 반복해 보고 외운다.

누군가와 친해지려면 같이 점심을 먹기도 하고, 영화를 보거나 여행을 가기도 하지요. 사실 친해지려면 무엇을 하든 '함께하는 시간'을 보내는 것 자체가 중요하죠. 영어도 마찬가지입니다. 미국 드라마를 보며 영어와 친해질 수도 있고, 원서를 보거나 똑같이 쓰고 말하면서 친해질 수도 있습니다. 그러므로 영어와 친해지는 방법은 많습니다. 중요한 건 수많은 방법 가운데 자신과 맞는 방법을 찾는 것입니다.

저는 어떤 방법이 좋다는 말만 듣고 그 방법으로 영어 공부를 한 건 아니에요. 그저 영어 뉴스를 보며 세계를 알아가는 게 재미있었고, 새로운 단어가 있으면 그 단어를 익히는 게 뿌듯하고 즐거웠어요. 영어를 통해 세상을 하나하나 알아가고 배운다는 것에 감사했죠.

만약 여러분이 음악을 좋아한다면 팝송을 듣고 그 내용을 알아 가면 좋을 거예요. 내가 좋아하는 것을 할 때 그 효과는 배가 됩니다. 그리고 꾸준히 하는 것이 가장 중요합니다. 영어는 습관이기 때문입니다.

04 시간 관리법

스케줄 정리하기

시간 관리는 하루를 계획하는 데서 시작합니다. 전날 잠자리에 들기 전 또는 아침에 일어나서 오늘 무엇을 할지 적으면, 잊지 않고 계획대로 하게 되지요. 특정 시간을 정해서 하루의 스케줄을 짜는 습관을 들여야 합니다. 저는 주로 금요일 밤에 다음주 할 일을 계획해두는 편입니다.

그리고 계획한 일을 다 해냈을 때의 만족감은 무엇과도 비교할 수 없죠. 시험, 과제, 활동, 개인적으로 할 일까지 세세하게 계획을 짜서 실행하다보면 자신감도 생깁니다.

메모하는 습관 들이기

해야 할 일은 반드시 메모해야 합니다. 그래야 잊지 않아요. 서술형으로 적기보다는 간단한 키워드로 적기를 권합니다. 눈에 띄는 곳에 붙여두거나, 작은 메모장을 수시로 확인하면 좋아요.

그리고 매번 할 일을 확인하고, 수정하면서 관리하는 게 중요합니다. 사소한 거라도 놓치지 말고 적으세요. 간단해서 굳이 적을 필요 없는 것까지요. 이렇게 사소한 일을 관리하는 습관을 들여야 시간을 효율적으로 사용할 수 있습니다. 또한, 하다 보면 가장 중요한 일도 알 수 있습니다. 우선순위를 알 수 있어요.

저는 매일 같은 시간에 해야 할 일을 적은 다음, 우선순위로 번호를 매기고 순서대로 목록화합니다. 그리고 수시로 확인하며 끝낸 일은 다른 색상의 펜으로 줄을 그어 삭제합니다. 시각적으로 보이는 게 중요해요.

TO DO LIST!!

~~1. 영어 선생님 질문 정리~~
2. 동아리 회원 이메일 보내기
3. 산책 30분

제일 먼저 처리할 할 일 가운데 시간이 오래 걸리는 일이라면, 빨리 끝낼 수 있는 일부터 하는 것도 방법입니다. 10분 내외로 걸리는 일들 말이죠. 예를 들어, 이메일이나 메시지를 보내는 일이나 전화하는 일은 금방 끝나죠. 그런 다음 시간이 오래 걸리는 일을 하나씩 해나가는 것입니다.

하루를 계획하면 나의 하루를 돌아볼 수 있고, 나를 객관화할 수 있게 됩니다. 시간을 허투루 썼다면 그 이유를 알 수 있고, 내가 잘한 일, 잘못한 일을 돌이켜볼 수 있죠. 즉, 이런 메모하는 습관은 내 시간을 관리하고 주도적으로 쓸 수 있게 하는 원동력이 됩니다.

자투리 시간 활용하기

이렇게 시간 관리를 철저히 함에도 불구하고 저는 저도 모르게 낭비하는 시간이 많다고 느꼈어요. '어떻게 하면 내 소중한 시간을 유용하게 쓸 수 있을까?'를 고민하며 자투리 시간을 효율적으로 사용해보자는 결론을 내렸어요. 그래서 10분, 20분 등의 시간이 났을 때 무엇을 할지 따로 목록을 만들었습니다. 그랬더니 시간을 따로 내서 해야 할 일이 줄었습니다. 물론, 아무것도 하지 않고 휴식을 취하는 것도 중요하죠. 그래서 쉬는 시간도 목록에 넣었어요. 또 어쩌다 메모장이나 펜이 없을 때는 휴대전화에 녹음을 했어요.

자투리 시간에 할 일들!!

1. 버스 타고 기다리는 시간: 단어 10개 암기
2. 화장실에서 할 일: 명언 읽기
3. 점심시간/쉬는 시간: 과제하기
4. 학교에 일찍 도착했을 때: 책 읽기

05

학습 목표 세우는 법

학습 계획은 현재 자신의 상황에 맞춰 현실적으로 짜는 게 중요합니다. 즉, 구체적으로 목표를 갖고, 이를 측정할 수 있어야 하며, 데드라인이 있어야 합니다. 그렇지 않으면 두루뭉술하게 공부하게 되고, 시험이 있다면 시간 내 공부를 마치지 못할 수도 있어요.

기간별로 스터디맵을 만드는 것도 좋은 방법입니다. 현실 가능한 스케줄로 꼼꼼히 짜보세요.

나쁜 예	좋은 예
1. 수학 공부하기 2. 쉬는 시간에 풀기 3. 저녁까지 풀기	1. 수학 문제집 풀기 2. 범위는 40~50페이지까지 3. 기간은 1/1~1/3까지(혹은 2~5시까지)

06

나를 아는 법

내가 좋아하는 것과 싫어하는 것을 적어보면 나를 객관적으로 바라보고 관찰할 수 있습니다. 적어서 시각적으로 보이면 나를 아는 데에 더 도움이 되죠. 여러분도 아래에 좋아하는 것과 싫어하는 것을 적어보세요. 아주 사소한 것도 좋아요.

좋아하는 것	싫어하는 것

07

꿈을 발견하는 법

사실 꿈을 찾으려고 하면 막막하고, 무엇부터 해야 할지 모르는 경우가 많습니다. 좋아하는 것을 시작으로 나를 탐구하고 발견해보세요. 숨어 있는 보물을 찾기 위해 여행을 떠나는 것처럼 말이죠.

사명문 쓰기

사명문은 저의 꿈을 찾기 위한 행동 원칙과 방향을 위한 것으로, 읽을수록 목적이 뚜렷해지고, 포기하고 싶은 날에는 다시 나아갈 힘을 줍니다. 또한 사명문을 수정해나가는 일도 나를 발견하는 데 도움이 됩니다. 여러분도 아래에 적어보세요.

1. 나를 표현할 핵심 단어를 고른다.
2. 현재형의 문장으로 지금의 나를 표현한다.
3. 긍정적인 표현만 쓴다.
4. 실천할 수 있는 구체적인 내용을 쓴다.

나를 표현하고 싶은 단어
자유, 결단력, 밝다, 긍정적, 자존감, 인정, 실력, 배려심, 실력, 존경, 믿음, 인정, 실천력, 당당함

나의 사명문
1. 나는 언제나 긍정적인 생각과 행동으로 주위에 밝은 에너지를 준다. 2. 나는 자유롭다. 3. 나는 나를 사랑하고 믿는다. 4. 나는 타인을 배려한다. 5. 나는 어디에서 무엇을 하든 최선을 다하며, 최고의 결과를 낸다. 6. 나는 실천력이 뛰어나 좋은 결과를 낸다. 7. 나는 매일 기록하며 내 생각을 정리한다. 8. 나는 매사 긍정적으로 생각하고 행동한다. 9. 나는 당당하다. 10. 나는 결단력이 있다.

나를 표현하고 싶은 단어

나의 사명문
1. 나는 ______________________________ 한다.
2.
3.
4.
5.
6.
7.
8.
9.
10.

버킷리스트 만들기

삶의 목표는 사람마다 다르지만, 내가 하고 싶은 것, 갖고 싶은 것, 가고 싶은 곳이 있다는 건 모두 같지요. 결국 내가 원하는 것들이 모여 꿈이 되고 목표가 됩니다. 나만의 버킷리스트를 만들어보세요. 1년에 한 번씩, 또는 몇 년에 한 번씩 이룬 것들, 변화한 것들을 적고 업데이트해보세요.

버킷리스트
1.
2.
3.
4.
5.
6.
7.
8.
9.
10.

비전 탐구 리스트

자신을 소개하라고 하면 보통 이름, 나이, 직업이나 학교에 대해 이야기하지요. 하지만 차별화를 주기 위해서는 내가 누구인지 생각해보는 시간이 반드시 필요합니다.

내가 좋아하는 것, 나를 나답게 만드는 것 등을 탐구하고, 나에 대해 정확히 알 때 비전을 구축할 수 있습니다.

비전 탐구 리스트 Q&A	
Q1. 이루고 싶은 것은 무엇인가?	A.
Q2. 무엇을 할 때 가장 즐거운가?	A.
Q3. 가장 기억에 남는 경험은 무엇인가?	A.
Q4. 무엇을 할 때 가장 행복한가?	A.
Q5. 어디에서 살고 싶은가?	A.
Q6. 5년 뒤 어떤 모습이기를 바라는가?	A.
Q7. 10년 뒤 어떤 모습이기를 바라는가?	A.
Q8. 좋아하는 행동은 무엇인가?	A.
Q9. 싫어하는 행동은 무엇인가?	A.
Q10. 절대 포기하고 싶지 않은 것이 있다면?	A.
Q11. 어떤 사람을 좋아하는가?	A.
Q12. 나와 맞는 사람의 성격과 행동은 어떠한가?	A.

08

긍정적 마인드 갖는 법

하루를 긍정적으로, 기분 좋게 보내기 위해서는 감사한 마음을 갖는 게 중요합니다. 매사 감사함을 느끼면 세상이 달리 보이고, 소소한 행복을 찾게 됩니다. 매일 아침, 또는 잠자리에 들기 전에 감사한 것을 3개씩 적어보세요. 오프라 윈프리도 "감사일기를 쓰면서부터 내 인생은 달라졌다. 나는 비로소 인생에서 소중한 것이 무엇인지, 삶의 초점을 어디에 맞춰야 하는지 알게 되었다."라며 감사일기의 위대함을 이야기했습니다. 저에게도 감사일기의 힘은 놀라웠어요. 꾸준한 일상의 감사함을 글로 적으며 긍정적인 사람이 되었습니다.

감사일기는 거창할 필요 없습니다. 감사한 순간들, 고마운 사람들, 감동받은 일 등을 떠올리며 자유롭게 써보세요. 한 달간 꾸준히 써서 '30일 프로젝트'를 실행해보면 놀라운 일이 펼쳐질 것입니다.

오늘의 감사한 일
1.
2.
3.

숨은 공간을 찾는 즐거움:
비밀 도서관

- 2018.10.18 -

요즘 학교에서 공부하고 과제할 장소를 하나씩 발견하고 있다. 매번 같은 곳에서 공부하기보다 장소를 옮기며 분위기를 바꾸니 집중도 잘된다. 오늘 발견한 곳은, 도서관 꼭대기 층에 있는 비밀스러운 장소. 아는 사람만 아는 곳.

엘리베이터를 타고 꼭대기 층까지 올라 문 하나를 열어야 나타나는 공간인데, 다들 이곳을 어떻게 안 걸까? 앞으로 이 비밀의 장소도 내 단골 공부방이 될 것 같다. 이렇게 넓은 캠퍼스에서 숨겨진 장소를 발견하는 일은 새로운 기쁨이다.

팟캐스트를 시작하다: ‘죽음의 날’ 인터뷰

– 2018.11.09 –

내가 활동하는 스토리텔링 동아리는 이야기를 수집해 대중에게 전달하는 동아리이다. 그간 여러 방법으로 행사를 개최해왔지만, 올해는 샌프란시스코에서 매년 열리는 ‘죽음의 날’을 기념해, 죽음을 주제로 팟캐스트를 제작해보았다.

‘죽음의 날’은 소중한 사람을 떠나보낸 사람들이 모여 그들을 추억하고, 삶을 더욱 사랑하기 위한 행사이다. 다소 무거운 주제일 수 있지만, 그들은 발랄한 코스튬이나 분장을 통해 밝고 신나는 분위기를 연출한다.

나는 마이크를 들고 헤드셋을 낀 채로 거리를 다니며 사람들을 인터뷰했다. 헤드셋을 끼니 평소에는 그냥 지나쳤을 듯한 작은 소리들이 무척 잘 들렸다. 직접 그들에게 다가가 질문을 하고, 그들의 목소리를 담고, 그들의 이야기를 세상에 들려줄 수 있다는 건 가슴 벅찬 일이다. 팟캐스트를 통해 많은 사람이 영감을 받았으면 좋겠다.

세상을 낯설게 보는 법:
관광지와 학교 사이

\- 2018.11.22 -

이곳은 학교에서 내가 가장 좋아하는 장소이다. 1층은 학교 기념품 가게이고 2층은 서점과 카페가 들어서 있다. 1층은 언제나 기념품을 사려는 관광객들로 붐비고, 2층은 나처럼 과제하는 사람으로 붐빈다. 이곳에 앉아 있으면 마치 학교와 여행지 사이에 있는 것처럼 느껴진다.

이곳에 들른 관광객들은 무슨 생각을 하고 있을까? 이곳을 매일 다니는 학교가 아니라, 태어나 처음 와보는 여행지라고 생각하면 나도 모르게 여행객이 된 것 같아 설레고 들뜬다.

나는 모든 걸 낯설게 보려는 연습 중이다. 그냥 지나쳤던 모든 걸 다르게 볼 수 있으면 좋겠다. 일상을 여행자처럼 살 수 있도록 말이다.

자연과 함께 하는 삶: 교내 농장

– 2018.12.06 –

광활한 대지 위에 세워진 학교의 위상만큼 캠퍼스 내에 있는 농장도 인기 있는 공간이다. 학생들이 직접 농사를 지으며 환경 보존, 리더십, 식물학 등 다양한 분야를 연구하고 탐구할 수 있다. 또한 이곳에서 재배한 농작물은 교내 식당을 통해 학생에게 제공된다. 농장 체험은 투어, 봉사, 워크숍 행사를 목적으로 누구나 자유롭게 신청할 수 있다.

나는 이 농장에서 마련된 글쓰기 워크숍에 참가한 적이 있다. 소규모 행사이지만, 다양한 주제와 아이디어가 넘치는 글을 서로 공유할 수 있어 무척 뜻 깊은 시간이었다.
게다가 자연 속에서 사색할 수 있는 시간을 가지니 아이디어가 절로 떠올랐다. 앞으로 농장에서 열리는 행사뿐 아니라, 직접 작물을 기르며 자연과 가까이 하는 삶을 실천하고 싶다.

모두가 치열하게:
시험 기간의 도서관

- 2018.12.10 -

드디어 시험 기간이다. 몇 시간째 풀리지 않는 과제와 씨름하다가 끝내고 도서관을 나설 때의 뿌듯함은 말로 표현할 수가 없다. 밤늦게까지 모두가 치열하게 하루를 살아내는 듯한, 시험 기간의 도서관 분위기를 사랑한다. 몸은 힘들지 몰라도 정신은 맑다.

'할 일을 차근차근 해나가야지.' 하는 마음으로, 시간이 없어 미루던 일들, 막상 시간이 생겨도 안 하던 일들을 해나가고 있다. 시간이 부족하고, 바쁠 때 더 많은 일을 하게 되는 게 신기하다.

미래에 대한 기대감: 총장님과의 만남

\- 2019.01.22 -

학교 총장님을 만날 수 있는 기회가 생겼다. 평소 궁금한 게 많아 여러 가지 질문을 드렸는데, 학교의 비전과 목적에 대한 답변이 가장 기억에 남았다.

"우리가 연구하고, 공부하는 것으로 더 나은 세상을 만들 수 있다는 믿음이 아침에 나를 일어나게 하는 원동력입니다." 이만큼 학교와 학생들을, 자신의 일을 사랑하는 명쾌한 답변이 있을까?
너무 사소한 데에 신경 쓰느라 큰 그림을 못 보고 있는 건 아닌지, 나를 돌아보았다. 나는 이곳에서 배우고 경험한 것들로 어떻게 세상에 이바지할 수 있을까? 내가 학교에 다니는 근본적인 이유가 무엇일까? 더 고민해야 할 것 같다.

시계를 보니 1분 정도의 짧은 시간이 남아 마지막 질문을 드렸다. "다시 학생으로 돌아간다면 무엇을 하고 싶으세요?"
"조금 더 느긋해질 것 같아요. 잠시 멈추기도 하고요." 그러고 총장님은 시간이 가는지도 모르고 자신의 대학 생활을 들려주셨다.

현실을 느끼게 하는 풍경:
캠퍼스의 아침

- 2019.02.04 -

아침에 학생들이 자전거를 타고 교실로 이동하는 장면은 늘 나를 기분 좋게 한다. 캘리포니아의 맑은 날씨, 캠퍼스의 낮은 건물과 야자수, 그리고 자전거로 그 길을 가르는 학생들이 어우러진 풍경은 볼 때마다 감탄이 나온다.
수업 시간에 다다르면 도로는 자전거와 차로 발 디딜 틈 없이 매워진다. 이런 풍경을 볼 때마다 나의 현실을 실감하며, 삶의 활력을 얻는다. 그리고 돈을 내고 강의를 듣는다고 생각하면 수업을 대하는 마음가짐이 달라진다. 해야 해서 하는 공부가 아니라, 내가 원해서 하는 공부라고 말이다.

휴식의 기술:
교내 명상 센터

- 2019.02.12 -

나는 수업이 끝나면 교내 명상 센터를 찾는다. 바쁘게 흘러가는 일상 속에서 조용히 생각을 비우고, 사색하며 명상할 수 있는 곳이다. 학생들의 스트레스를 줄여주고, 세상에 대한 안목을 키워줄 수 있는 공간이 필요하다고 생각해 지은 건물이기도 하다.

신발을 벗고 안에 들어가니 물소리가 귓가를 간질였다. 그리고 사람들은 자신만의 방법으로 휴식과 명상을 하고 있었다. 무엇에도 쫓기지 않는, 진정한 여유를 만끽할 수 있었다. 아무리 바빠도 마음의 여유가 있는 사람이고 싶다. 여유가 있으면 일도 더 잘 풀리는 것 같다. 이렇게 평생 자유롭고 싶은 건 욕심일까.

존경하고 닮고 싶은 분:
도티 교수님

– 2019.03.06 –

대학 입학 전, 내 버킷리스트 안에는 '매주 시야를 넓혀줄 행사에 참여하기'가 있었다. 공연이든, 전시든, 강연이든 무엇이든 좋았다. 교실 밖에서 배워야 할 게 무척 많았다. 그러던 어느 날, 학교에서 도티 박사님을 초청한 적이 있었다.

《닥터 도티의 삶을 바꾸는 마술 가게》는 내가 무척 감명 깊게 읽은 책이라 주저 하지 않고 강연을 들으러 갔다. 도티 박사님을 직접 만날 수 있다니! 게다가 멀리서만 응원해오던 독자가 직접 제자가 되어 만나는 날이기도 해서 감회가 남달랐다.

두근대는 마음으로 책에 사인을 받았다. 사인을 받으며 정말 감사하다고 했더니, 오히려 자신이 더 고맙다며 자신을 낮추셨다. 이렇게 존경하고 닮고 싶은 분이 주변에 많다는 데에 감사함을 느낀다. 나도 교수님처럼 사람들에게 힘을 주고 싶다. 세상을 더 넓게 보고 싶다.

"It's Doty's ability to describe his journey so lyrically, and then his willingness to share his methods, that make this book a gem."
—ABRAHAM VERGHESE, MD, author of Cutting for Stone
INTO THE MAGIC SHOP
A Neurosurgeon's Quest to Discover the Mysteries of the Brain and the Secrets of the Heart
JAMES R. DOTY, MD

Into the Magic Shop
A NEUROSURGEON'S QUEST TO DISCOVER THE MYSTERIES OF THE BRAIN AND THE SECRETS OF THE HEART
James R. Doty, MD

여유를 찾는 법: 도서관 앞 벤치

- 2019.04.21 -

일요일 오후에는 도서관 앞 벤치에서 노래를 들으며 과제를 한다. 따스한 햇살이 내 몸을 감싸고 따뜻한 바람이 스친다. 기분 좋은 타자 소리와 종이 넘기는 소리가 들리고, 고개를 들면 푸른 나무가 보인다.

대학 캠퍼스의 잔디밭에서 여유롭게 공부하는 건 내 고등학교 시절의 작은 바람이기도 했다. 그 바람을 이룬걸까?
오늘처럼 날씨가 좋을 때면 도서관에 있던 사람들이 모두 잔디밭이나 벤치로 모여든다. 이렇게 바쁜 일상 속에서 여유로운 시간을 가질 수 있는 것도 행운이라고 생각한다.